KB129884

Z세대 부모 학교

Z세대 자녀와 X세대 부모의 연결 고리

김 일 국 지음

**Z세대는 누구이며,
어떻게 이해할 것인가?**

키즈코리아

Z세대 부모학교

1판 1쇄 2023. 7. 25.

지 은 이 | 김일국
디 자 인 | 박선영
펴 낸 곳 | 도서출판 키즈코리아
등 록 | 제 2017-000010호
주 소 | 경남 김해시 대동면 대동로 537
전 화 | 055) 323~1065
이 메 일 | kim7navy@daum.net
홈페이지 | www.belief.org
송금계좌 | NH농협 351-1073-4124-73 김일국(키즈코리아)
인 쇄 | 구미김천기획인쇄사

ISBN 979-11-983492-0-0 (03370)
이 도서는 한국출판문화산업진흥원의 '2023년 우수출판콘텐츠 제작 지원 사업' 선정작입니다.

가격은 뒷면에 있습니다.

추천사

김상복 목사
햇불트리니티대학원대학교 명예총장
할렐루야교회 원로

현재 X세대 부모와 그들의 자녀들인 Z세대는 과거 어느 세대 사이보다 좀 다른 특징이 있다고 말하고 있다. 문화의 차이가 더 분명한 부모가, 한참 자라고 있는 다음 세대를 어떻게 건강하게 잘 성장하도록 도와줄 수 있을까 하는 질문은 어느 세대 부모에게나 늘 큰 과제이다. 부모들에게 자녀들을 양육하는 데는 실험이라는 것은 없다. 양육을 받는 아이들에게는 한번 밖에 기회가 없기 때문에 부모는 우리가 제대로 양육하고 있는가 라는 질문을 하면서 불안한 마음이 있다. 자녀와의 대화나 진로의 지도에 성공적으로 도움을 준다는 것은 부모가 먼저 자녀들의 세대를 잘 이해하고 부모 자신이 어떻게 양육에 대처해야 할지를 비교적 정확하게 알아야 한다. 부모로서 모든 것을 알고 자녀들을 양육해 간다는 것은 결코 쉬운 일이 아니고 누구나 자신감을 갖고 접근할 수는 없는 영역이다. 그런 이슈들에 대해 먼저 연구하고 이미 책을 집필해 오신 김일국 목사님이 두 세대 사이에 어떻게 더 성공적으로 콜라보 할 수 있는지를 이 책에서 펼치고 있다.

김 목사는 한국에서 대학과 신학대학원을 거치고 군목으로 젊은 군인들을 대상으로 사역한 경험이 있고 풀러신학대학원(Fuller Theological Seminary)에서 목회학박사 학위를 받았다. 또한 학생 때부터 일찍이 그 당시 어린이 사역에 선구적 역할을 하고 있던 알리온 동아리 활동을 하셨다. 다음 세대에 대한 관심과 연구를 꾸준히 해오신 분이다.

현(現) 시대 Z세대들 자녀들의 독특성, 개성, 정체성을 연구하며 부모와 자녀를 돕고자 하는 이 저서가 모든 부모들에게 또 자녀들에게 좋은 길잡이가 될 것이다. 사실상 X세대 부모라거나 Z세대 자녀들이라는 다소 생소한 이름을 붙이고 연구를 하지만 어느 세대 간에도 조금씩 차이는 있어도 큰 차이는 없다. 부모와 자녀 간의 관계와 양육에는 늘 산적한 문제들이 항상 있었다.

구약성경이 쓰여진 수천 년 전이나 신약성경이 쓰여진 2천년 전이나 오늘이나 문화와 언어와 환경을 달라졌지만 인간의 본질은 시대를 막론하고 거의 동일하다. 그러나 시대적 특징이 있을 수 있기 때문에 김일국 목사님과 같은 분이 일찍부터 어린이들과 다음 세대에 깊은 관심을 갖고 연구한 결과이니 읽고 참고하시는 부모님들에게 반드시 도움이 되리라 믿는다.

김요셉 목사

원천교회 담임, 중앙기독학교 이사장

예수님께서는 "너희가 돌이켜 어린 아이들과 같이 되지 아니하면 결단코 천국에 들어가지 못하리라."(마 18:3)라고 말씀하셨습니다. 이 땅의 어린이와 청소년 및 청년들은 소중한 존재입니다. 하나님의 자녀이며, 또한 누군가의 사랑스러운 자녀입니다.

조선일보(2023년 6월 17일 자)에 〈Z세대는 왜 일을 못 할까, 3대 악재에 고전하는 Z세대를 구하라〉는 기사가 실렸습니다. Z세대가 "대면 의사소통을 피하고, 전자기기 다루는 법이 의외로 서툴다"라고 합니다. 그래서 어려움을 많이 겪고 있다고 합니다. 우리가 Z세대를 도와주어야 합니다.

바울은 유대인들, 율법 없는 자들, 약한 자들 모두에게 복음을 전하기 원했습니다. 그래서 바울은 그들에게 맞게 접근했습니다. "유대인들에게 내가 유대인과 같이 된 것은 유대인들을 얻고자 함이요."(고전 9:20) 우리가 다음 세대에게 관심을 갖고 또 복음을 전하기 원한다면, 먼저 그들에 대해 알아야 합니다. 그리고 진지하게 접근해야 합니다.

한국인 아버지(김장환 목사님)와 미국인 어머니(Trudy Stephens) 사이에 태어난 저는 두 가지 다른 언어와 문화 사이에 일어날 수 있는 갈등과 오해를 삶으로 체험한 사람입니다. 예수님의 성육신(incarnational)적 사랑과 이해가 없으면 언어 문화 성별의 다름이 초래하는 장벽을 넘을 수 없다는 것을 예수님의 사랑으로 가정을 만드신 부모님으로부터 체험했습니다.

김일국 목사님은 Z세대 자녀와 X 세대 부모들 사이에 막힌 담을 예수님의 사랑으로 극복하는 길을 보여 주시는 지혜로운 길잡이 같으십니다.

사랑한다면 관심을 가져야 합니다. 그리고 그들이 원하는 소통의 방식을 찾아야 합니다. 김 목사님의 책은 다음 세대를 사랑하는 부모와 교사들에게 많은 도움을 줄 것으로 기대하고 있습니다. 그리고 Z세대에 속한 청소년과 청년들이 스스로에 대해 알아가는 데 도움을 줄 수 있을 것으로 기대합니다.

저 역시 청소년기와 청년기를 지냈습니다. 그때 하나님의 은혜 가운데, 부모님과 교회학교 선생님들의 헌신적인 수고와 기도가 저에게 큰 도움이 되었다고 생각합니다. 우리는 다시 교사와 영적인 부모로서 헌신하여, 다음 세대를 세우는 일에 헌신해 나가야 합니다. 그럴 때 새로운 다음 세대 부흥이 이뤄질 줄 믿습니다.

박성규 목사

총신대학교 총장

김일국 목사님의 《Z세대 부모학교》의 출간을 축하합니다. 김 목사님은 군목 후배입니다. 김 목사님은 해군과 해병대 군종 목사로서 젊은이들과 함께하며, 그들에게 꿈을 심어 주었습니다. 또한 다음 세대 전문가로서 오랫동안 소양을 쌓아왔습니다. 저와는 풀러신학대학원(Fuller Theological Seminary) 동문이기도 합니다.

〈세대 공존〉은 중요한 주제로서, 우리가 모두 관심을 가져야 할 문제입니다. 어른들이 말 몇 마디로 '꼰대'로 취급받는 일도 있습니다. 청소년과 청년들도 사람들을 대면해서 만나기 힘들어합니다. 가정에서 부모와 자녀가 공존할 뿐만 아니라 서로 '윈윈'할 수 있어야 합니다.

결국 부모의 리더십이 중요합니다. 자녀들의 좋은 '멘토'가 되고, '코치'가 되는 부모의 역량이 강화되어야 합니다. 부모뿐만 아니라 어른 세대가 다음 세대인 Z세대를 더 잘 이해하도록 노력해야 합니다. 그리고 효과적으로 도울 수 있는 기술을 연마해야 합니다. 이 책은 우리가 더불어 살아가야 할 미래 세대인 'Z세대'에 대한 연구 서적입니다. 또한 이 책은 우리가 함께 '콜라보(협업)'할 수 있는 비전과 방향을 제시하는 책입니다. 김 목사님은 리더십 전문단체인 CRM / NOVO에서 리더십 훈련을 받았습니다. 김 목사님의 다음세대 및 리더십에 대한 모든 이론, 지식, 경험이 담겨 있는 이 책을 통하여 다음 세대를 이해하는 데 도움을 받기를 바랍니다.

박은조 목사

글로벌 문도하우스 원장, 샘물 기독교학교 설립자

하나님께서는 성도의 가정을 향해서 1,000대에 이르도록 은혜를 베풀겠다고 약속하셨습니다. 하나님 나라 운동의 중심에 가정이 있음을 생각하시고, 성도의 가정에 복을 주시므로, 하나님 나라 운동이 제대로 펼쳐지게 하시려는 것입니다. 부모님들만큼 자녀를 사랑하는 존재는 이 땅에 따로 없습니다. 그럼에도 불구하고, 자녀를 어떻게 이해하고 도와야 하는지를 제대로 알지 못해서, 많은 부모 자식들이 친밀한 관계를 형성하지 못하는 것을 봅니다. 심지어는 부모가 싫어서, 부모가 믿는 하나님도 버리기로 결정하는 자녀들까지 생겨나고 있습니다. 이런 우리의 상황 속에서, 부모님들을 돕기 위한 책이 나왔다는 것이 참 감사한 일입니다. 김일국 목사님이 쓴 이 책은 X 세대 부모가 Z 세대 자녀를 잘 도울 수 있도록, 부모님들을 돕기 위해 쓴 책입니다. 부모들은 대체로 Z 세대 자녀의 독특성, 개성, 정체성을 모릅니다. 그래서 자녀를 사랑하는데도 불구하고, 자녀를 제대로 돕지 못하고, 갈등을 빚고, 심지어는 부모 자식의 관계가 남보다 못하게 되는 일도 벌어지고 있습니다.

우리의 자녀인 Z 세대는 독립적이고 간섭을 받기 싫어하지만, 또한 동시에 친절한 도움을 필요로 합니다. 부모님들이 이 책을 통해서 자기 계발을 하고, 자녀들에게 최적화된 도움을 줄 수 있는 부모가 된다면, 우리와 우리 자녀들을 통한 하나님 나라 운동은 훨씬 더 아름답게 진행될 것입니다.

윤형주 장로

가수, 방송인, 온누리교회

젊은 시절 해군 수병들을 위해 군목으로 수고한 김일국 목사님은, 제대 후 어린이와 청소년들을 위한 차세대 교육에 힘쓰고 있다. 지난 2020년에 출간한 《다음 세대를 구하는 7가지 법칙》에 이어, 이번에 발간한 저서 또한 다음 세대를 위해 귀하게 쓰임 받게 되리라 의심치 않는다.

육촌형인 윤동주 시인은 1917년 동간도 명동촌(明東村)에서 태어났다. 명동소학교 시절 열두 살인 윤동주는 고종사촌 송몽규와 『새 명동』 문예지를 발간할 만큼 정서적 교육에 남다른 관심을 가졌다. 그 바탕에는 가정과 주일학교에서 어릴 때부터 받아온 신앙교육과 민족교육이 자양분이 되었고, 훗날 그 씨앗의 열매가 나라를 사랑하는 민족 시인으로 성장할 수 있는 발판이 되었다.

지금도 이 땅의 어린이, 청소년, 청년을 살리는 다음 세대 사역은 여전히 필요하다. 김일국 목사님의 저서가 다음 세대를 바른길로 이끄는 지침서의 역할로 쓰임 받기를 간절히 소망한다.

이병수 목사

고신대학교 총장

늘푸른전원교회 김일국 목사님께서 이번에 출간하는 《Z세대 부모학교》의 추천사를 쓰게 되어 매우 기쁘고 영광입니다. 김 목사님께서는 고신대와 신대원에서 신학적인 훈련을 잘 받고 뛰어난 학문적 준비와 준비된 목회자이고 특히 군목을 하면서 많은 젊은이들을 만난 것도 이런 책을 쓰는데 좋은 경험이 되었다고 생각합니다. 이미 다음 세대를 위한 좋은 책을 출간한 경험도 있는 분입니다.

책을 읽으면서 오늘날의 Z세대에 대해 이렇게 많은 관심과 사랑을 가지고 접근하는 목회자가 있을까 할 정도로 복음적 문화적 목회자였습니다. 그의 Z세대에 대한 이해와 접근이 영혼을 사랑하는 뜨거운 열정에서 나왔기에 많은 부분이 매우 공감이 되었습니다. 김 목사님의 이번 책은 영혼 사랑, 복음 그리고 문화에 대한 균형 잡힌 시각의 책입니다.

혹자는 오늘의 교회(과한 표현으로 들릴 수 있지만)가 "교회에 찾아오는 젊은이들에게 적대적"이라고 할 정도로 청년의 아픔을 이해하지 못하고 그들의 문화를 이해하지 못하는 가운데 나온 표현으로 볼 때 김 목사님의 책은 이런 부분을 해소하는 가장 탁월한 책이라고 생각합니다. Z세대의 문화에 대해 이렇게 정확하고 총체적으로 설명한 책이 있을까 할 정도로 탁월한 Z세대의 문화 해설서입니다. 무엇보다도 그들의 문화를 이해하고 그것을 오늘날 교회와 부모들이 어떻게 적용할 것인가를 잘 설명해 주는 목회적이고 구체적이고 실천적인 책입니다.

그러므로 이 책을 대학교와 신학대학원의 교재로, 교회의 청소년 사역자 및 Z세대 자녀를 둔 부모님들에게 적극적으로 강력하게 추천합니다.

정일웅 목사

한국 코메니우스연구소 소장, 전 총신대학교 총장

현대사회는 급변하고 있다. 그 변화의 주체는 과학 문명의 발전이다. 그러나 인간은 언제나 그 발전을 중요한 삶의 수단으로 여기며, 그것을 잘 활용하면서 삶의 문화를 바꾸어 왔다. 그러나 오늘날 IT산업에 의한 디지털 문화의 발전은 상상을 초월한 모습이다. 무엇보다도 우리 사회 다음 세대의 모습이 어떻게 될까? 우리 부모들에게는 그들 미래에 대한 염려가 앞선다.

이러한 때에, 이 책의 저자 김일국 목사님은 다음 세대의 청소년 가정교육의 문제를 새롭게 인지하고 그 모든 염려와 관련한 문제들의 해답을 제시하려고 《Z세대 부모학교》란 제목의 책을 제시하였다. 저자의 수고에 찬사(讚辭)를 드린다. 그리고 이 책은 먼저 무엇보다도 새로운 과학 문명 발전의 한복판에서 가장 많은 영향을 받는 소위 Z세대의 올바른 이해를 위해 많은 정보를 알려주고 있다. 그리고 어떻게 그들을 올바른 인생의 길로 인도할 수 있을 것인지? X세대인 부모가 알아야 할 많은 정보를 또한 제공해 준다. 특이한 점은 저자가 목회자이면서도 기독교적인 시각을 그렇게 많이 드러내지 않은 모습이 매우 인상적이다. 그래서 기독인뿐만 아니라, 오히려 모든 부모가 더 쉽게 접근하여 자녀(청소년) 교육의 도움(지혜)을 받을 수 있는 훌륭한 교육지침서로 여겨진다. 그리고 모든 X세대 부모의 진지한 일독을 추천하는 바이다.

Z세대
부모 학교

목 차

제3장 어떻게 Z세대를 도와줄 것인가?

표 목 차

서문

세대 갈등은 우리 사회가 풀어야 할 숙제 가운데 하나다. 세대 공존의 필요성이 대두되는 이유는, 너무 다른 점이 많기 때문이다. 뭔가 다른 말을 하면 '꼰대'라는 소리를 듣는 시대가 되었다. '또래 꼰대'도 존재한다. 나이가 많다고 꼰대가 되는 게 아니다. 이런 시대가 예전에는 없었다. 옛날에는 '권위'를 인정해주었고 말없이 묵묵히 자기 일을 수행하던 사람들이 많이 있었다.그러나 이제 달라졌다. 새로운 세대인 Z세대 이전 세대인, 90년생 즉 '밀레니얼 세대(Y세대라고도 함)'가 있다. 'MZ세대'라고 부르기도 하지만 Z세대와 '밀레니얼 세대(Y세대)'는 분명히 다르다. Z세대는 '디지털 네이티브'라고 한다면, 90년생(밀레니얼 세대, 혹은 Y세대)은 디지털을 사용하는 세대다. 차이가 분명히 있다. 밀레니얼 세대가 두 가지 멀티스태킹이 가능하다면 Z세대는 다섯 가지 멀티스태킹이 가능하다.

이런 차이가 있음에도 불구하고 '밀레니얼 세대(Y세대)'는 기성 세대에 큰 충격을 주었다. 《90년생이 온다》의 저자 임홍택 작가는 '권력이 기업의 손을 떠나 개인으로 이동했다'고 말한다. 재능있는 개인들은 직장 생활에서 그들의 요구와 기대를 확대하고 성취할 만한 협상력을 가지게 되었다. 회사로서는 골칫거리가 되는 것이다. 뛰어난 재능을 가진 사원을 얻으려면 이전보다 더욱 열심히 노력해야 한다는 것이다.[1] 그런데 Z세대와 함께 일하는 것은 Y세대(90년생)보다 더 힘들다.

Z세대

새로운 세대에 대해서 자세하게 소개할 것이다. 새로운 Z세대는 스마트폰에 최적화된 세대다. 단지 스마트폰을 사용하는 세대가 아니다. 스마트폰이 신체 일부처럼 따라다닌다고 해도 과언이 아닐 것이다. 모든 현대 문명의 혜택을 받으면서도 그 안에서 불안해하는 세대가 Z세대다. 가정에서, 또 사회에서 오피니언 리더로 자라고 있으며, 소비에 있어서도 가장 활발하게 의견을 피력하는 세대다. 가정과 사회에서 Z세대는 기존의 기성 세대에 순응적이지 않다. 또한 Z세대는 이전 세대가 갖지 못한 수많은 장점을 보유하고 있다. 우리는 새로운 세대와 함께 공존하고 일할 준비를 해야 한다. 부모 세대가 자녀 세대와 공존할 준비를 해야 한다.

X세대는 '구세대'다

베이비붐 세대 이후는 주로 'X세대'라 부른다. X세대는 '무관심·무정형·기존 질서 부정 등을 특징으로 하는 1965년~1976년 사이에 출생한 세대'를 말한다. X세대는 IT기술을 활용하여 대형화된 기업과 시장에 맞도록 기존의 시스템을 수정·보완하면서 베이비붐 세대가 구축한 글로벌 시장 시스템을 더욱 정교하게 만드는 데 조력하는 역할을 했다. X세대도 신세대였던 때가 있었지만 지금은 아니다. 가정 안에서 X세대 부모와 Z세대 자녀의 갈등이 일어나기도 한다. 사회에서도 X세대와 Z세대의 불협화음이 일어난다. 어떻게 공존할 수 있을까? 어떻게 아름다운 하모니를 만들어갈 수 있을까?

이 책은 《서문》에서, 기성 세대가 건전한 시각으로 다음 세대를 바라보고, 다음 세대를 위한 준비를 해야 할 필요성을 제기한다. 또한 인구학적인 측면에서, 초저출산 시대에 더욱 다음 세대에 관심을 집중해야 할 필요성이 있음을 제기한다.

《제1장 포스트 코로나 시대》에서는, 코로나19로 말미암아 일어난 사회의 변화에 대해서 소개한다. 코로나19는 이전에 있었던 변화의 속도를 가속화하였고, 그 가운데서 Z세대가 더욱 변화된 세상 속에서 독립적으로 존재할 수 있는 환경이 만들어졌다. 코로나 이후 세계는 '리셋' 되었고, 또한 '뉴 노멀' 사회가 되었다.

《제2장 새로운 세대, Z세대》는, 스마트폰을 신체 일부처럼 쓰는 세대인 '포노 사피엔스'를 소개한다. 그리고 그와 함께 일어난 '체인지(CHANGE)'를 소개한다. 메타버스 시대에 신세대는 어떻게 적응하고 있으며, 또한 인공지능과 딥러닝을 발달한 시대에 새로운 세대는 어떻게 적용하고 있는지 소개한다. 무엇보다 인공지능에 대체되지 않는 법,

그리고 딥러닝을 이기는 법을 소개한다. 그리고 Z세대가 누구이며, 어떤 특징을 가지고 있는지와 이 세대가 어디에 관심이 있으며, 무엇을 소비하는지 소개한다. 제2장에서 철저하게 신세대인 Z세대를 탐구하게 될 것이다.

《부모와 자녀의 콜라보: 어떻게 Z세대를 도와줄 것인가?》에서는, Z세대를 돕는 방법을 소개한다. 사실 Z세대는 다른 세대나 또는 부모에 도움을 받으려는 세대가 아니다. 그럼에도 불구하고 신세대 역시 도움이 필요하다. 그러므로 부모 세대가 가장 지혜롭고 가장 효과적으로 신세대인 Z세대를 돕기 위해서, 그들에게 어떤 도움이 필요한지에 대해서 연구해야 한다. 제3장에서는, Z세대에게 필요한 것이 무엇인지, 그리고 자기계발, 독서, 심리, 리더십, 혁신, 행복, 자녀교육, 그리고 가정에 대해서 소개할 것이다. 이 과정을 통해서 X세대 부모도 성장하게 될 것이며, Z세대 자녀가 적절한 도움을 받게 될 것이다. 신세대 자녀와 기성 세대 부모의 아름다운 '콜라보'는 가정과 사회를 위해서 매우 필요한 일이다. 지금부터 우리 함께 신세대 자녀와 기성 세대 부모의 공존과 행복한 '콜라보'를 위한 출발을 해 보자.

1. 누가 주목하는가?
- 다음 세대는 미래의 희망이다

부모는 자녀를 사랑하고 그들의 미래에 관심을 가진다. 그것은 인륜에 속한다. 그런데 자녀 학대나 방임도 친부모에 의해서 행해지는 경우가 적지 않다. 부모가 자녀를 사랑하고 그들의 미래를 위해서 염려한다고 해도 그것이 진정 자녀에게 도움이 되는 것이어야 한다. 자녀에게 관심을 두는 사람이 부모 말고 또 있다. 기업은 오래 전부터 소비 주체인 다음 세대에 관심을 두고 그 세대를 연구하고 그들에게 맞는 마케팅을 펼치고 있다. 저출산 시대에 다음 세대 한 명 한 명은 기업에게도 소중한 고객이다. 그 외에도 다음 세대를 주목하고 있는 수많은 시선이 있다. 히틀러의 제3제국은 아이들에게 관심을 두고 그들을 통하여 제국의 미래를 꿈꾸었다.

《나는 히틀러의 아이였습니다》(Hitler's Forgotten Children)라는 책은 주인공의 자전적인 이야기를 담고 있다. '잉그리트 폰 욀하펜'으로 살아온 저자는 자신의 본래 이름이 '에리카 마트코'였다는 것을 알게 됐다.[2] '레벤스보른'은 나치의 자금(재정)으로 세워진 복지 단체로 독일 곳곳에 출산 시설을 운영하기 위해 만들어진 것이다.[3]

주인공 '에리카 마트코'는 1942년 8월 유고슬라비아 '첼예'에서 나치에 납치되어서 독일인 가정에 입양된다. 그리고 '잉그리트 폰 욀하펜'이라는 이름으로 자라게 된다. 이 모든 것이 '레벤스보론' 계획에 의한 것이었다.[4] 저자는 레벤스보론을 '친위대 종축장'이라고 표현했다. 제3제국의 인구 증가를 위해 힘러가 레벤스보른 출산 시설을 만들었지만, 나중에는 점령국에서 아이들을 납치했다. '에리카 마트코' 역시 납치되어 온 아이였다.

히틀러는 《나의 투쟁》(1925년)에서 "우리는 우리 종족의 생존과 재생산, 우리 후손들의 양육을 위해, 우리 피의 순수성을 지키기 위해 싸워야 한다."고 말했다. 1929년 히틀러는 "독일이 한 해에 100만 명의 아이를 얻고, 70~80만 명의 나약한 자들을 제거한다면 궁극적으로 국력이 증대할 것이다"라고 말했다. 히틀러의 천년 제국을 통치할 순수 혈통의 새로운 지배 인종을 창조하기 위해 하인리히 힘러가 '레벤스보른'을 설계했다. 충격적인 것은 힘러가 다음 세대의 중요성을 인식했다는 것이다.

레벤스보른 시설에서 출산하는 여성들은 "총통께 아이를 드리자"라는 구호를 외쳤다. 산모들은 매주 3회 사상 교육을 받았다. 교육에서 산모들은 나치 선전 영화를 보고, 《나의 투쟁》을 읽고, 라디오 강의를 듣고,

나치 찬가를 합창했다. 그리고 아이를 낳아서 나치에게 바쳤다.

1941년 무렵 수많은 독일 군인이 죽어가자 레벤스보른 프로젝트로 공백을 매울 수 없다고 생각하고, '인종적 가치가 있는 아이들을 납치하는 계획'을 세웠다.[5] 주인공도 그 계획의 희생자가 되었다.

드디어 전쟁이 끝났다. 주인공은 전쟁이 끝날 무렵에, 자신의 부모가 친부모가 아니라는 것을 알게 되었다. 1950년대 중반 누군가 그녀를 찾고 있었다. 그러나 양모는 그녀에 대한 정보를 숨겼다. 그래서 친부모를 찾지 못하게 된다. 1999년 주인공은 독일 적십자의 전화를 받는다. 그때부터 친부모를 찾아 나섰다. 단서는 1944년 1월 19일 라이프치히 근처 코렌-잘리스에서 발급된 예방접종 증명서였다. 양부모에게 위탁되기 몇 달 전이었다. 거기에 '에리카 마트코'라는 이름이 기록돼 있었다.

친부모를 찾아 '첼예'라는 도시에 간다. 거기서 주인공과 같이 어려서 끌려 갔다가 살아남은 생존자들의 모임을 가진다. 2007년 10월, BBC는 〈히틀러의 아이들〉에 대한 이야기를 방영했다. 언론이 관심을 보이자 그때까지 기록을 공개하지 않았던 기록보관소들이 협조적인 태도를 취하게 됐다. 마침내 주인공은 국제심인서비스 기록보관소에서 친부모와 독일인 양부모에 대한 정보를 알게 됐다. 주인공은 말했다. "나는 한때 유고슬라비아 출신 에리카 마트코였고, 독일인 잉그리트 폰 욀하펜이었다. 둘 다 나였다. 그리고 이제 나는 잉그리트 폰 마르코 욀하펜이다. 그게 항상 나였다." 드디어 주인공은 자신이 누구이며 자신이 왜 독일에서 자라게 됐는지 알게 됐다.

《나는 히틀러의 아이였습니다》는, 히틀러의 제3제국이 '다음 세대'에 주목하고 그들의 미래 제국을 이끌어갈 다음 세대를 미리부터 준비했다는 것을 보여준다. 비록 그 계획이 실패했지만 놀라운 것은 정상적이지 못한 목적을 가지고 다음 세대를 주목한 사람들이 있었다는 사실이다. 우리가 지금 다음 세대에 주목해야 할 이유가 바로 여기에 있다. 미래 세대를 지켜보고 그들의 잠재력을 인정하고, 그들을 올바르게 이끄는 것이 기성 세대의 책임이다.

2. 인구 절벽 시대
- 청년 세대가 결혼과 출산을 주저한다

초저출산 시대에 자녀 한 명 한 명의 존재가 더욱 귀해졌다. 정부는 1970년대에 "딸, 아들 구별 말고 둘만 낳아 잘 기르자"라는 캠페인을 벌였다. 1980년대에 들어서서 "잘 키운 딸 하나 열 아들 안 부럽다"라며 남아선호사상을 반대하는 산아제한 정책을 계속 펴나갔다. 그런데 지금 한국에서 저출산은 심각한 사회 문제가 되었고, 저출산의 심각한 현실에 관심을 가져야 할 때가 되었다.

2018년 0.98명, 2019년 0.92명, 2020년 0.84명. 우리나라의 합계 출산율 추이다. 합산 출산율이 인구대체수준인 2.1 아래로 내려가면 저출산이고, 1.3 이하로 3년 이상 지속되면 초저출산이라 한다. '58년 개띠'가 100만 명 넘게 태어났다. 그후 1974년생까지 해마다 95만여 명이 태어났다. 베이비부머다.[6] 그런데 2020년 출생아 수는 27만 2천 명으로 30만 명대가 무너졌다.

우리나라는 초저출산 기간이 점점 길어지고 있고, 무엇보다 그 속도가 너무 빠르다. 이것이 문제다.[7] 청년들이 늦게 결혼하거나 결혼을 해도 출산을 미루는 경향이 두드러지고 있다. 기성세대 중 단칸방으로 가정을 시작한 사람이 있다. 그러나 요즘 청년들은 그렇게 하지 않는다. 아이를 낳아 키우는 조건에 관한 판단 기준 자체가 달라졌다. 이런 현상이 초저출산을 더욱 가속화시켰다고 볼 수 있다.

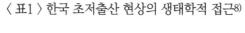

〈 표1 〉 한국 초저출산 현상의 생태학적 접근[8)]

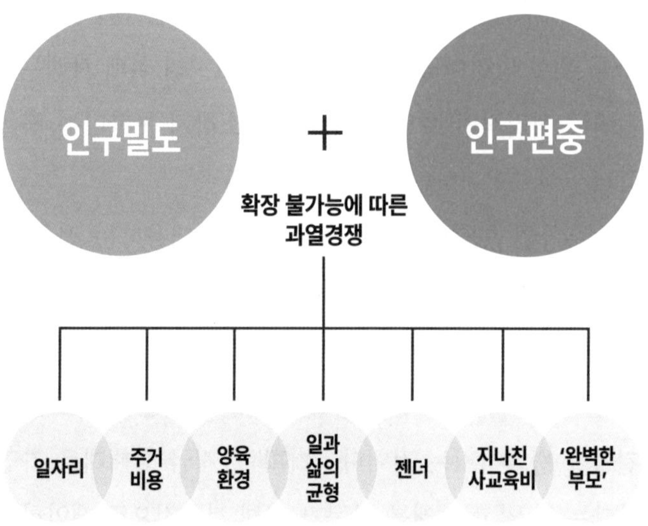

'완벽한 부모' 신드롬은 고려대 심리학과 허지원 교수가 우리나라의 초저출산 현상을 심리학적으로 설명하며 내놓은 개념이다. 요즘 젊은 부모들은 준비가 덜 되었거나 뭘 준비해야 할지 모르는 상태에서는 자녀를 출산하지 않는다고 한다.[9)] 청년들이 '완벽한 부모'가 되기 전까지 결혼과 출산을 미루려고 하므로, 신생아를 보기 어려워졌다. 이것이 바로 대한민국 젊은이들이 맞이한 슬픈 현실이다.

〈표1〉은 초저출산의 기저 원인이 '인구밀도'와 '인구편중'에 있다는 것을 말해준다. 한국의 초저출산은 밀도 높은 사회에 대한 한국 청년들의 적응이다. 또 인구편중은 서울과 수도권에 집중되어 있다. '인구밀도'와 '인구편중'은 초저출산 현상에 대한 정책적 해법의 시사점을 제공한다.

과거 노무현 정부가 추진한 혁신도시와 세종시가 '인구밀도'와 '인구편중' 해소를 위한 방안이었다. 그러나 혁신도시의 실패 사례는 청년들의 물리적이고 심리적인 수도권 집중을 해소하지 못한다는 것을 보여주었다.[10]

조영태 교수가 인구변동을 고려해서 미래에 대응하는 전략으로 '완화', '적응', '기획'을 제안했다. '완화'는 출산장려금을 주거나 공공어린이집을 늘리는 것이다. '적응'은 미래의 모습을 정확하게 예측하고, 현재 상황이 변화될 미래에도 잘 작동할지 아닐지 판단해 필요한 경우 현재의 조건들을 변화시키는 것이다. '기획'은 지금 상태대로 가면 미래가 암울하다는 걸 알고 미래를 바꾸기 위해 적극적으로 제안하는 전략이다.[11] 안타까운 것은, '완화', '적응', '기획'으로 이 문제가 잘 해결되지 않는다는 데 있다.

조영태 교수는 인구는 줄어드는데 가구 수는 늘어나는 현상에 주목하라고 말한다. 저출산 시대에, 가구 수가 늘어나는 것은 '일인 가구 증가'를 의미하는 것이다. 《인구 미래 공존》에서, 조영태 박사는 인구가 줄어서 경제가 힘들어지는 것을 걱정만 해야 하는 것은 아니라고 말한다. 조영태 박사는 '인구배당'의 개념을 소개했다. 자원을 만들어낼 수 있는 사람이 많으면 경제가 성장한다는 논리다.

조영태 교수는 인구학자로서 다음 세대인 'Z세대'와 '알파세대'가 글로벌 시민으로 성장하는 것을 강조했다. 우리는 다음 세대에 대해서 연구하고, 그들을 어떻게 도울 것인지 구체적인 방안을 마련해야 한다. 인구 절벽 시대에 우리는 다음 세대에 더욱 큰 관심을 가져야 한다.

가정마다 자녀가 한두 명인 경우가 대부분이다. 그리고 학급 당 학생이 60명, 70명이던 시대가 있었는데, 지금은 학급당 학생이 20명 정도가 된다. 그리고 사회가 급격히 개인주의화되었다. 김난도 교수 연구팀이 발표한 《트렌드 코리아 2022》에서 첫 번째로 제시한 것이 '나노사회(Nano Society)'다. 한국사회가 파편화되고, 공동체가 개인으로 조각조각 부스러져 모래알처럼 흩어져 있다고 진단한다.[12] 여기에는 저출산의 영향도 크다. 사회와 모든 세대 구성원들이 미세한 존재로 분해되어 서로 이름조차 모른 채 고립된 섬이 되어가고 있다. 이런 때 우리는 자신을 돌아보고 또 우리의 자녀 세대를 돌아보아야 한다.

〈 표2 〉 미국과 한국의 세대 구분[13)]

미국	침묵의 세대	베이비부머	X세대	밀레니얼 세대	Z세대
출생연도	1925~1945	1946~1964	1965~1980	1981~1995	1996~
역사적 사건 (주로 유년기)	1,2차 세계대전	냉전 시대	사회주의 붕괴, 민권법 제정 이후 세대	걸프전	9.11 테러, 이라크전, 주택 버블
인구 사회학적 특징	전통적 4인 가구	이혼과 재혼 증가, 3~4인 가구	맞벌이 부부, 가구원 수 감소, 히스패닉 주민 정착	다양한 가족 형태 증가	다양한 인종의 가족 등장

한국	산업화 시대	베이비붐 1세대	베이비붐 2세대
출생연도	1940~1954	1955~1964	1965~1974
역사적 사건 (주로 유년기)	한국전쟁, 베드남 진쟁	새마을 운동	민주화 운동
인구 사회학적 특성	실버산업 시대	센서스 시작, 합계 출산율 5~6, 대학 진학률 20%	가족계획 이후 세대, 합계 출산율 3~4, 대학 진학률 30%대

한국	X세대	밀레니얼 세대	Z세대
출생연도	1975~1984	1985~1996	1997~
역사적 사건 (주로 유년기)	대중문화 시대	올림픽	월드컵, IMF, 외환위기
인구 사회학적 특성	수능 세대, 여성 교육수준 감소 본격화, 대학 진학률 급증	저출산/고령화, 1인 가구 증가, 대학 진학률 80%대, (여성〉 남성)	가구 분화 증가, 초저출산

카드 뉴스 - Z세대는 누구인가?

《Z세대 부모학교》는 마음대로 다룰 수 없는 자녀들로 인해서 고민하는 부모들에게 자녀를 알 수 있는 기회를 제공해 줄 것이다. 기성 세대는 10대와 20대 시절, 절대적인 복종을 강요 받았지만, 지금의 Z세대에게 절대적인 복종을 요구할 수 없다.

시대가 달라졌다. 자녀들이 달라졌다. 태어나자마자 '초연결 시대'를 사는 Z세대를 어른들은 도무지 이해할 수 없을 것이다. 그것을 현실로 받아들여야 한다. 그리고 '콜라보(협력, 협업)'할 수 있도록 노력해야 한다. 《국화와 칼》이 일본인들의 숨은 면모를 드러낸 것처럼 《Z세대 부모학교》는 이 시대를 함께 살아가는 Z세대 특성을 드러낼 것이다. 그리고 Z세대와 함께 '콜라보'하는 방법을 발견해 나갈 것이다.

일본에 관한 가장
객관적인 책으로 손꼽히는 고전

일본 문화와 일본인을 가장 잘 분석했다고 평가받는 명저

일본과 전쟁 중이던 미국은
도저히 이해할 수 없는
일본인의 행동을 연구하고자 했고,
이 책이 그 결과물이다.

이 책은 이중적이면서도 모순적인
일본인의 특성을 잘 간파했으며,
일본의 수치 문화와
죄책감 문화를 대중화했다.

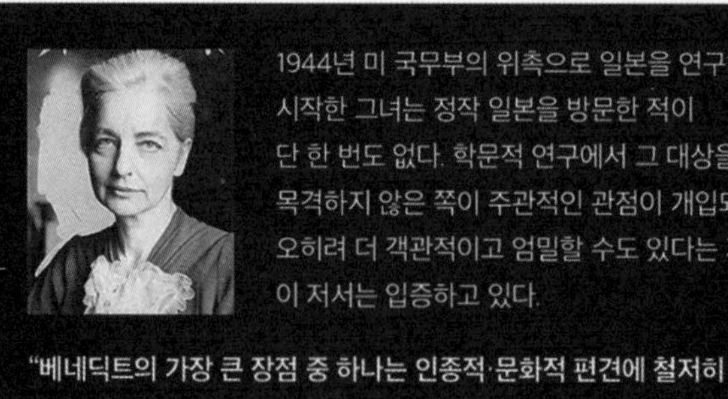

1944년 미 국무부의 위촉으로 일본을 연구하기
시작한 그녀는 정작 일본을 방문한 적이
단 한 번도 없다. 학문적 연구에서 그 대상을 직접
목격하지 않은 쪽이 주관적인 관점이 개입되지 않아
오히려 더 객관적이고 엄밀할 수도 있다는 가능성을
이 저서는 입증하고 있다.
"베네딕트의 가장 큰 장점 중 하나는 인종적·문화적 편견에 철저히
저항했다는 점이다. 그녀는 무엇보다 열린 마음으로 자신의 연구에 임했다."
_ 이안 부루마

출처 : yes24.com 홈페이지

우리는 Z세대에 대한 체계적인 연구를 해야, 그들과 공존할 수 있다.[14)]

제 1 장
포스트 코로나 시대

제1장 포스트 코로나 시대

3. 리셋

코로나는 전 세계적으로 많은 영향을 주었다. 우리나라에도 많은 영향을 주었다. 그런데 코로나는 한 마디로 '리셋'이라는 단어로 표현될 수 있다. 모든 것이 새롭게 재조정되었다. 세계경제포럼(다보스 포럼)의 회장인 '클라우스 슈밥(Klaus Schwab)'과 먼슬리 바로미터의 창립자인 '티에리 말르레(Thierry Malleret)'는 여러 가지 리셋의 필요성에 대해서 말했다.

'리셋(reset)'은 컴퓨터에서 "오류나 이벤트를 모두 없애고 시스템을 일반 상태나 초기 상태(0의 상태)로 되돌리는 일"을 말한다. 코로나19 이전에도 사회적 격차, 공정성 결여, 협력 부재, 글로벌 거버넌스(global governance)와 리더십 실패의 문제가 있었으나 팬데믹으로 위기가 가중되었다. 지금이 '리셋'을 해야 할 때이며, 재창조의 시기이다.[15] 지금은 포스트 코로나 시대로, 전 세계는 '리셋'이 된 상태라고 봐야 할 것이다. 리셋이 된 세계는 지금 새로운 방향으로 나가고 있다. 그런데 그 방향은 이미 정해져 있다. 다만 코로나로 말미암아 그 변화의 속도가 더욱 빨라진 것이다.

경제적 리셋

역사는 유행병이 국가 경제와 사회 구조의 위대한 '리세터'(resetter) 역할을 했다는 것을 보여준다.[16] 코로나19도 마찬가지다. 경제협력개발기구(OECD)에 따르면, 경제 '가동 중단' 직후 주요 7개국 G7의 GDP가 연간 20~30% 감소할 가능성이 있다.[17] 또 코로나19는 엄청난 규모의 노동시장 위기를 일으키고 있다. 코로나19로 인한 경기 침체로 노동 대체가 급증함으로써 육체노동은 로봇과 컴퓨터로 대체되며 종국(終局)에는 노동시장에 지속적이고 구조적인 변화를 야기할 것이다.

사회적 리셋

역사적으로 팬데믹은 사회를 철저하게 테스트해왔다. 코로나19 사태도 마찬가지다. 헨리 키신저 전 미국 국무장관은 "코로나19 팬데믹이 끝나면 많은 국가 기관들은 실패했다고 간주될 것이다."라고 말했다.[18] 코로나19를 계기로 예전부터 있었던 사회적 문제들, 특히 빈곤, 불평등, 부패 문제가 더욱 악화될 것이다. 포스트 코로나 시대에는 부자에게서 빈자로, 자본에서 노동으로 거대한 부의 재분배가 시작될 것이며, '신자유주의(neoliberalism)'에 종말을 고할 것으로 전망했다.

코로나19는 기존의 불평등 상태를 악화시켰다. 코로나19는 다양한 사회 계층이 노출된 위험의 정도의 충격적인 차이를 조명함으로써 사회적 불평등이라는 거시적 난제를 부각시켰다. 또 포스트 코로나 시대가 직면한 가장 심각한 위험 중 하나가 사회 불안이다. 일부 극단적인 경우 그것이 사회적 붕괴나 정치적 몰락으로 이어질 수 있다.

코로나19 팬데믹으로 정부의 역할이 중요해졌으며, 정부의 개입으로 사회계약을 재정립의 필요성이 제기되고 있다. 코로나19로 전 세계 많은 사회에서 거의 필연적으로 사회계약 조건을 재고하고 재정립하고자 할 것이다. 사회계약은 광범위하게 정의했을 때 개인과 제도 사이의 관계를 지배하는 합의와 기대의 집합을 가리킨다.

지정학적 리셋

지정학과 팬데믹의 연결성은 양방향으로 흐른다. 한편에선 다자주의의 혼란스러운 종말, 글로벌 거버넌스의 공백, 다양한 형태의 민족주의의 부상 등으로 팬데믹 발생 시 대처하기가 더욱 어려워지고 있다.

다른 한편에선 팬데믹은 위기가 터지기 전부터 이미 뚜렷이 드러나던 지정학적 경향들을 확실히 더 악화시키고 가속화한다. 팬데믹이 점진적 탈세계화를 가능케 할 것이라고 말한다. 코로나19로 글로벌 분열이 가속화될 것이라고 한다. 기업들이 공급망을 축소하고, 중요한 부품을 구입하기 위해서 한 나라나 해외 기업을 의지하지 않으려 하기 때문에 글로벌 무역 위축도 거의 확실시 된다.

글로벌 거버넌스는 '일반적으로 복수의 국가나 지역에 영향을 미치는 전 세계적 문제에 대응하기 위한 초국가적 행위자들 사이의 협력 과정'으로 정의된다.[19] 코로나19는 우리가 직면하고 있는 가장 큰 문제가 사실상 세계적인 문제임을 상기시켜 주었다. 그 위험은 오직 힘을 합쳐야만 완화할 수 있다. 그러나 그것이 잘 이뤄지지 않고 있다. 이번에 보여준 WHO의 잘못은 글로벌 거버넌스의 실패의 원인이 아니라 오히려 그 증상이라고 말한다.

또한, 코로나19는 중국과 미국 사이의 '새로운 형태의 냉전'을 초래하는 전환점이 될 것이라고 한다. 코로나19는 미국과 중국을 통합하기는 커녕, 경쟁심을 조장하고 경쟁을 심화시키는 정반대의 결과를 초래한다. 그리고 코로나19는 부유하고 발전된 국가들보다 취약하고 실패한 국가들에 훨씬 더 심각하고 더 오래 지속되는 피해를 끼칠 것이다.

환경적 리셋

팬데믹과 환경은 먼 친척에 불과해 보일 수도 있으나 그것들은 우리가 생각하는 정도 이상으로 훨씬 더 가깝고 서로 얽혀 있다. 전염병 출연으로 가속화된 생물 다양성 감소부터 코로나19가 기후 변화에 미칠 영향까지 팬데믹과 환경은 예측 불가능한 특이한 방식으로 계속해서 영향을 주고받으면서 인류와 자연 사이의 위험하리만큼 미묘한 균형과 복잡한 상호작용을 보여주고 있다.

기술적 리셋

앞으로 계속해서 제4차 산업혁명의 속도와 범위는 놀랄 만한 수준을 유지할 것이다.[20] 코로나19 팬데믹과 함께 수많은 분석가들은 정확한 의미도 확실히 모른 채 다년간 언급해온 '디지털 전환'(digital transformation)이 촉매제를 찾았다. 소비자도, 규제 당국도, 회사도 '디지털 전환'을 가속화하는 데 일조했다. 소비자는 하룻밤 사이에 디지털 전환을 할 수밖에 없었다. 규제 당국은 디지털 전환을 지지했고, 회사는 자동화를 따르지 않을 수 없게 됐다.

또한 접촉자 추적과 관련된 문제가 발생했다. 접촉자 추적은 기술을 이용한 것인데, 코로나19에 대한 공중보건 차원의 대응에서 나온 것이다. 그런데 그것이 사람들을 불안케 할 수 있다. 코로나19 위기 이후에도 감시 시스템이 유지될 것이라는 우려를 줄 수 있다.

포스트 코로나 시대에는 개인의 건강과 웰빙이 훨씬 더 중요한 사회적 우선순위가 될 것이기 때문에 기술 감시 상태를 원래대로 되돌릴 수는 없을 것이다. 그러나 집단적 가치와 개인의 자유를 희생하지 않고 기술을 개인적으로 통제하고 그것이 주는 혜택을 이용하는 것이 필요하다.

개인적 차원의 리셋

심리학자들은 대부분 코로나19는 정신건강에 치명적인 영향을 미쳤다는 데 동의하고 있다. 많은 사람에게 코로나19 팬데믹 경험은 개인적인 트라우마가 될 것이다. 봉쇄가 마무리될 무렵에는 심각한 스트레스를 받던 기간이 오히려 지났는데도 극지 탐험가나 우주 비행사처럼 장기간 고립된 생활을 하는 사람들이 겪는다고 하는, 일명 '3분기 현상(third-quarter phenomenon)' 같은 정신적 고통을 겪을 위험이 계속된다고 한다.[21] 또 코로나19 사태가 시작되면서 가정 폭력도 증가했다. 코로나19 사태는 훨씬 더 많은 수의 사람들에게 더 폭넓고 깊은 정신건강 문제를 일으켰다.

아이작 뉴턴은 페스트 기간 동안 빛을 발했다. 페스트 발발 이후인 1665년 여름 케임브리지대학교가 문을 닫아야 했을 때 뉴턴은 영국 동부 링컨셔(Lincolnshire)에 있는 본가로 돌아가 1년 넘게 머물렀다. 다음 해인 1666년 뉴턴은 강제 격리 기간에 자신의 중력과 광학 이론, 특히 중력을 지닌 물체들 사이의 거리가 두 배가 되면 중력의 끌어당김은 1/4이 된다는 '중력의 역제곱 법칙'의 발전의 토대를 마련해 냈다. 과학계에서는 이때를 '기적의 해'라고 부른다.[22]

541년 경에 발생한 유스티니아누스 역병 당시 비잔틴 제국처럼 팬데믹 발병으로 제국은 전쟁의 진로를 바꿔야 하기도 했고, 아즈텍과 잉카 황제와 대부분의 신하들이 유럽의 세균으로 사망했을 때처럼 일부 제국은 아예 사라지기도 했다.[23]

1347년부터 1351년까지 유럽을 황폐화시킨 '흑사병(Black Death)'은 불과 몇 년 만에 유럽 인구의 40%를 몰살시켰다. 1918년 창궐한 스페인 독감은 3차 유행을 통해 전 세계적으로 5,000만 명 이상의 목숨을 앗아갔다.

코로나19는 그에 비하면 적은 사망자를 낳게 했지만 전 세계적인 충격은 과거와 비교해서 절대 적지 않다. 세계화가 오히려 팬데믹을 불러왔다는 것도 기억해야 한다. 인류가 자만에 빠졌던 20세기 초반, 두 번의 세계대전(1차, 2차 세계대전)으로 인류는 절망에 빠지게 되었다. 과학기술문명의 발달로 교만해진 인간은, 과학기술의 발달이 인간을 얼마나 비참하게 만들었는지 두 눈으로 확실하게 보게 되었다. 포스트 코로나 시대인 지금은, 전 세계가 여러 부문에서 리셋이 된 것을 확인할 수 있다. 우리는 코로나 이후 시대에 살고 있다. 이미 리셋된 세상 속에서 살고 있는 것이다.

리셋하고 리부트하라

코로나 시기에 '리셋'을 실천하고 '리부트'를 한 사람이 있다. 바로 김미경 대표(김미경TV)다. 김미경 대표는 코로나 시기에, '리셋(reset)'해야 하고, '리부트(reboot)'해야 한다고 주장했다. 그녀는 "코로나로 앞당겨진 로봇, 드론 시대, 원격 의료, 에듀테크, 디지털 화폐 시대가 왔다. 이전부터 진행되었지만 코로나 때에 변화에 가속도가 붙었다[24]"라고 말했다. 그는 디지털 강자가 되어야 한다고 말하면서, "내 인생을 바꾸는 4가지 리부트 공식"을 소개했다.[25]

1. '언택트'를 넘어 '온택트'로 세상과 연결하라.
2. 트랜스포메이션으로 완벽히 변신하라.
3. 독립적으로 일하는, '인디펜던트 워커'로 일하라.
4. 세이프티에 투자하라.

포스트 코로나 시대는 이전으로 회귀하지 않고 새로운 시대로 나가고 있다. 물론 많은 부분에서 '리셋'된 것은 사실이다. 우리가 발견하고자 하는 새로운 세대는 이러한 '리셋'된 세상에 이미 적응해 있다. Z세대로 대표되는 새로운 세대는 이미 리셋이 된 세상 속에서 살고 있다. 코로나 이전에도 Z세대는 자기 나름대로의 길을 가고 있었다. 그런데 코로나로 말미암아 새로운 세대의 독특성이 더욱 두드러지게 되었다.

4. 뉴 노멀(New Normal)

코로나는 '뉴 노멀'을 가져왔다. '뉴 노멀(New Normal)'은 "새롭게 보편화된 사회·문화·경제적 표준을 의미하는 시사용어"다.[26] 퓰리처상을 받은 칼럼니스트 토머스 프리드먼(Thomas Friedman)이 〈뉴욕타임스〉에 기고한 글에서 "세계는 코로나 이전인 BC(Before Corona)와 코로나 이후인 AC(After Corona)로 구분될 것이다."라고 말했다. 코로나19는 인류에게 새로운 질서를 강제하고 있다. 중세의 '페스트'와 1918년 '스페인 독감'과 같이 '코로나19'는 사회 전반을 바꿔 놓고 있다. 이로 인해 '뉴 노멀' 시대가 되었다.

최재천 교수는 "바이러스의 창궐 주기가 짧아진 원인이 인간의 탐욕과 무절제함이 부른 생태계 파괴 때문[27]"이라고 말한다. 바이러스는 스스로 증식하지 못하고 남의 유전자에 올라타 증식한다. 코로나19의 경우 천산갑이 중간 숙주가 맞는다면, 중국인들이 천산갑 비늘을 한약재로 먹으니까 가공하는 과정에서 옮았을 가능성이 크다고 주장했다.

최재천 교수는 화학 백신은 정답이 아니며 행동 백신('사회적 거리 두기')과 생태 백신(숲속에서 우리에게 건너오지 못하게 하는 것)이 해답이라고 말한다. 최재천 교수는 옛날로 돌아가기는 힘들 것이라고 말한다. 다만 '새로운 옛날'로 돌아갈 것이라고 한다.[28] 그래서 "새로운 가치관, 새로운 세계관이 중요하다"라고 말한다. 최재천 교수의 말대로 포스트 코로나 시대는 '새로운 옛날'일 뿐 아니라 이전에 없던 새로운 시대가 되었다.

장하준 교수는 "1929년 대공황, 2008년 금융위기 때보다 더 큰 위기가 올 수 있다"라고 말한다. 장하준 교수는 "서비스 업종이 큰 타격을 입고 반대로 배달업, 택배업은 늘어날 것[29]"이라고 말한다. 장하준 교수가 말한 관광업은 코로나 기간 동안 큰 타격을 입었다. 오히려 항공산업은 화물 수송으로 기대 밖의 선전을 했다. 화상 강의를 하는 회사는 주가가 엄청나게 올라갔다.

최재붕 교수는 "코로나19 이후 4차 산업혁명이 더욱 가속화될 것"이라고 말한다. 인류의 생활 공간이 온라인, 디지털 플랫폼으로 옮겨간다. 최재붕 교수는 "디지털 문명은 '정해진 미래'[30]"라고 주장한다. 코로나 시대는 '언택트 시대'로, 인류는 스마트폰을 쥐고 어디든 접속을 하면서 오프라인에서 온라인, 디지털 플랫폼으로 옮겨갔다. 그의 예견대로 포스트 코로나 시대는 '디지털 전환'이 가속화된 시대가 되었다.

코로나19 이후에 소위 '팡(FANG)'이라고 하는, 그러니까 페이스북(Facebook, 현재 '메타'), 아마존(Amazon), 넷플릭스(Netflix), 구글(Google)의 지배력이 더 강해질 것이다.[31] '팡'의 기업들은 인류의 문명을 디지털 플랫폼으로 옮겨야 한다는 것을 보여준다. 이 또한 그의 예견대로 그렇게 되었다. 넷플릭스는 가입자가 너무 늘어서 감당을 못할 정도였다.

코로나가 비즈니스 모델 자체를 디지털 플랫폼으로 옮기는 데 가속도가 붙게 만들었다. 원래 그 방향으로 가게 되었는데 더욱 가속도가 붙은 것이다. 우리나라 국민 1,000명에게 저녁 7시면 어떤 매체를 보는지 설문조사를 했더니 56.7%가 유튜브를 본다고 대답했다. 지상파는 18%, 케이블은 9%다. 50대 이상은 TV를 시청하지만 많은 사람이 유튜브로 옮겨갔다.

코로나19가 일자리에도 변화를 줄 것이다. 최재천 교수는 "재택근무에 주 3~4일 근무가 표준이 될 것"이라는 전망도 했다. 코로나 시대에는 재택근무가 주로 이뤄졌다. 그러나 포스트 코로나 시대에는 회사로 출근하게 유도하였고, 재택근무가 급격하게 줄어들게 되었다.

홍기빈 소장은 "코로나19로 말미암아 자본주의 떠받들던 기둥들이 무너졌다"라고 말한다. 전문가들은 코로나19 이전의 세계는 잊어야 한다고 말한다. 30~40년 동안 살아왔던 방식을 포기해야 한다. 홍기빈 소장은 미래를 대비하는 새로운 '결단'을 해야 한다고 주장한다. "지구화, 도시화, 금융화, 이 세 가지는 모두 생태적 환경에 대한 무한적인 착취를 전제로 했을 때만 가능한 일이다. 그 결과 생태적 위기를 겪었다. 그러므로 더 이상 무작정 자연을 활용하고 이용하고 착취하는 행태는 안 된다.[32)]"라고 말했다.

김누리 교수는 "자본주의에 대한 새로운 성찰이 필요하다[33)]"라고 주장한다. 그는 또 포스트 코로나 시대는 '인간의 존엄성'을 지키기 위한 방향으로 거대한 인식의 전환, 패러다임 전환 시대가 되어야 한다고 주장했다. 자본주의는 그냥 풀어놓으면 인간을 잡아 먹는다. 독일에서는 소위 '야수자본주의'라고 부른다. 또한 자본주의의 문제는 무계획성이다. 김누리 교수는 '자본주의의 인간화'를 '휴머나이즈'라고 부른다.[34)] 자본주의가 인간을 소외시키지 않게 하고, 자본주의가 사회를 파괴하지 않도록 해야 한다고 주장한다.

김경일 교수는 코로나19로 사람들이 느끼는 감정은 '불안'이라고 말한다. 불안은 정확한 사실로 잠재울 수 있으며, 이것을 가능하게 하는 것은 투명한 공개시스템이다.[35)]

김경일 교수는 "신인류에게 필요한 것은 '지혜로운 만족감'"이라고 주장한다. 즉 행복의 척도가 달라져야 한다고 말한다. 이것은 '소확행'이라는 개념과 겹치는 것이다. 김난도 교수팀의 《트렌드 코리아 2018》의 첫 번째 트렌드가 "소확행, 작지만 확실한 행복(What's Your 'Small but Certain Happienss'?)"이다. 행복은 멀리 있지 않다. 거창하지도 않다. 지금 여기서 소소하게 즐길 수 있는, 작지만 확실한 행복, 바로 '소확행'이다.[36)]

코로나는 우리의 일상에 많은 변화를 가져왔다. Z세대 역시 코로나 시기를 거치면서 삶의 변화를 크게 겪었다. 그리고 Z세대의 삶 속에 포스트 코로나 시대의 특징이 자리 잡게 되었다. 제2장에서는 Z세대의 라이프 스타일에 대해서 살펴보려고 한다. 코로나 이후 Z세대의 삶은 다른 세대와 차별화가 더 명확해졌다. 이제 본격적으로 우리가 맞이할 새로운 세대인 Z세대에 대해 살펴보기로 하자.

카드 뉴스 - 초연결 사회

'초연결 사회'가 되었다.

'사물 인터넷'(IoT)은, 사물에서 나오는 모든 데이터를 인터넷을 통해 공유하는 시스템이다. IoT와 빅데이터, 인공지능 기술은 초연결 사회에서 핵심 기술이 될 것이다. 이런 현상이 '내 손 안의 스마트폰' 안에 진행되고 있고, 앞으로 스마트홈과 스마트카로 연결될 것이다. 결국 '스마트시티'로 확장될 것이다. '초연결 사회'에서 구글Google, 아마존Amazon, 애플Apple, 테슬라Tesla, GE, 지멘스Siemens 등의 세계 최고 기업들만 초연결되는 것이 아니라 모두가 그 영향을 받게 될 것이다.

실물 세계와 디지털 세계가 융합하는 '초연결 시대'를 살고 있다. 혁명은 시작됐다. 다만 우리가 동참하지 않을 뿐이다. 모든 것이 '디지털화'할 것이다. 이런 시대에 Z세대는 자기들의 재능을 마음껏 발휘하게 될 것이다.

우리 사회는 '초연결'(superconnected)되어 있다. 인터넷은 전 세계적인 네트워크다. '미디어'는 데이터가 수집되어 저장된 다음 다른 사람들에게 전달되게 해주는 수단이다. '기술'은 인간이 지식을 공유하거나 일을 수행하거나 기능을 수행할 수 있게 해 주는 것을 만드는 과정 혹은 기법이다. 인간은 본질적으로 사회적이다. 기술적 초연결성과 사람들의 삶에서 인터넷 및 디지털미디어, 소셜 미디어, 모바일 미디어가 하는 역할은 각계계층의 사상가들의 관심을 끈다. 초연결성은 편익과 위험이 동시에 존재한다. Z세대는 모든 미디어를 자유롭게 사용하지만 동시에 그 안에서 불안해하고 또 불편함을 호소한다. 모바일로 전 세계화와 네트워킹하는 Z세대는 '초연결 사회'의 수혜자인 동시에 피해자가 될 수 있다. 동시에 Z세대는 '대면 사회'를 익숙하게 여기지 않는 이전과는 다른 세대임이 분명하다. 그래서 Z세대와 '콜라보' 하는 것은 많은 노력이 필요하다. 이에 어른들의 수고와 노력이 더 많이 요구된다.

〈 표3 〉 사람들이 직장에서 성공하기 위해 필요한 스킬[37]

소통	57%
문제해결	49%
학습	32%
독해	13%
연설	11%
재무관리	10%
가르치기	10%

Z세대 직원들이 개발하고 싶어 하는 스킬과 고용주가 Z세대 직원에게서 가장 바라는 스킬의 일치도가 높다는 사실이다.[38] Z세대는 본인이 직장에서 성공하려면 도움이 필요하다는 사실을 알고 있고, 진정으로 이런 도움을 원한다.

〈 표4 〉 내가 직장에서 성공하기 위해 개선할 필요가 있는 스킬[39]

연설	50%
소통	45%
문제해결	29%
재무관리	26%
작문	26%
가르치기	25%
듣기	23%

Z세대는 자신이 빨리 상황을 파악하거나, 개념을 파악하거나, 기대를 충족시키지 못할 경우에는 이전 세대들보다 빨리 좌절하는 경향이 있다.[40]

제 2 장
새로운 세대, Z세대

제 2 장 새로운 세대, Z세대

5. 포노 사피엔스 – 스마트폰을 신체 일부처럼 쓰는 세대

스마트폰이 문명을 바꿔 놓았다. 사실 모든 세대 사람들이 스마트폰을 사용하고 있다. 이제 실버 세대도 스마트폰을 알뜰하게 사용하고 있다. 검색도 하고, 쇼핑도 하고, 강의도 듣는 등 스마트폰을 잘 사용하고 있다. 그러나 기성 세대와는 달리 Z세대는 스마트폰을 사용하는 것이 아니라 그것이 삶의 한 부분이 되었다는 점이 다르다.

자신을 '문명을 읽는 공학자'라고 소개하는 4차 산업혁명 권위자인 최재붕 교수(성균관대)는 '포노 사피엔스'라는 새로운 용어를 사용한다. 사실 '포노 사피엔스'라는 용어는, 전 세계의 다른 학자들도 다양하게 다른 용어로 표현해 왔던 것이다. 스마트폰이 생활에 큰 변화를 가져다 주었다. 사람이 스마트폰을 사용한다기 보다 스마트폰이 신체 일부가 됐다고 말하는 것이 더 맞을 것이다. 새로운 종족이 '포노 사피엔스(Phono-sapiens)'다. 스마트폰을 신체 일부처럼 사용하는 인류다.[41]

분명한 것은 혁명은 이미 시작되었고 우리는 준비를 해야 한다는 것이다. 혁명의 시대를 어떻게 준비해야 할까? 답은 '사람'이다. 포노 사피엔스의 마음을 살 수 있는 상품이나 서비스를 만들어야 한다. 영국의 주간지 〈이코노미스트〉가 '지혜가 있는 인간'이라는 의미의 호모 사피엔스에 빗대어 포노 사피엔스(지혜가 있는 폰을 쓰는 인간)라고 부른 데서 나왔다.[42] 쉽게 말해, 스티브 잡스는 아이폰을 창조한 동시에 포노 사피엔스라는 '신인류'도 탄생시킨 셈이다.

신권력: 정보 선택권을 쥔 인류의 등장

요즘 은행에 가는 일이 줄었다. 백화점과 대형마트의 매출은 전체적으로 감소했고, 온라인 판매는 급증했다. 125년 전통의 시어즈(Sears) 백화점이 2018년 파산했다. 이유는 아마존으로 대표되는 온라인 유통 때문이다.[43] 방송산업은 더 심각하다. 원인은 스마트폰 때문이다. 스마트폰의 등장으로 인류의 소비방식이 바뀌었다.[44] 스마트폰이 만든 가장 큰 변화는 인류의 생각을 바꾼 것이다. 스마트폰이 등장한 뒤 사람들이 보는 정보는 달라졌고, 그래서 36억 인구의 생각이 달라져 버렸다. 사회의 정보 전달 체계가 달라졌다. 지난 30년간 현대사회 정보 전달의 중심축은 신문과 방송이었는데, 그 힘이 현저히 줄어들었다.

〈 표5 〉 포노 사피엔스 레벨별 스마트폰 사용 정도[45]

스마트폰을 손에 든 인류는 정보의 선택권이 자신에게 있다는 것을 알게 되었다. 스마트폰은 정보를 보는 방식을 바꿔 놓았다.[46] 사람의 불합리한 폭력적 행위를 '관행'이라고 묵과하던 시대는 지났다. 사회의 발전과 개인화와 맞물려, 관행이 더 이상 용인될 수 없는 사회로 변했다. 스마트폰이 모든 것을 기록할 수 있게 된 것도 이와 무관하지 않다. 더 이상 과거와 같은 방식으로 묻어버릴 수 없게 됐다.

소비 세력 교체: 요즘 애들이 세상을 이끈다

포노 사피엔스 시대가 본격적으로 도래하면서 밀레니얼 세대는 새로운 문명의 창조자인 동시에 소비의 주력세대로 자리 잡았다.

〈 표6 〉 Z세대가 가장 빈번하게 활용하는 기기들[47)]

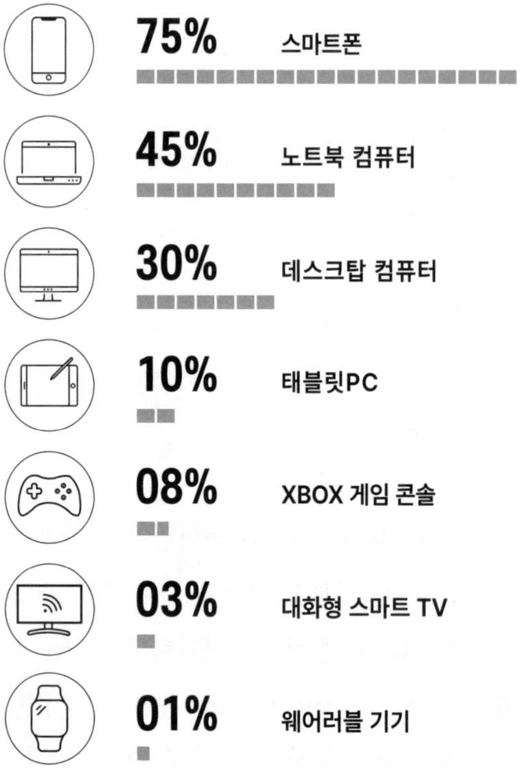

비율	기기
75%	스마트폰
45%	노트북 컴퓨터
30%	데스크탑 컴퓨터
10%	태블릿PC
08%	XBOX 게임 콘솔
03%	대화형 스마트 TV
01%	웨어러블 기기

스마트폰과 SNS 일상에 익숙한 밀레니얼 세대의 디지털 문명에 대한 아이디어는 작은 것이라도 그 가치가 급등했다. 아이폰의 탄생으로 세상의 주인이 60대에서 30대로 달라졌다.

〈 표7 〉 2010년 이후, 기업의 성장과 몰락[48)]

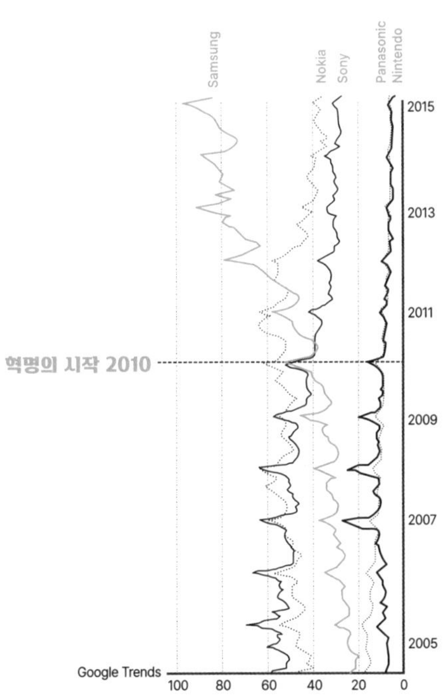

단, 10년 만의 일이다. 위기와 기회, 이것은 혁명의 두 얼굴이다. 기존 시스템에 익숙한 기성세대에게 위기가 왔고, 밀레니얼 세대에게는 기회가 왔다. 스마트폰으로 쇼핑도 하고 은행 업무도 보고 유튜브도 보면서 새로운 문명이 가져다주는 변화를 느끼고 체험해야 한다. 그리로

가야 한다.

스마트폰을 사용하는 인구는 모두 포노 사피엔스라고 할 수 있고, 이는 전 세계 인구의 40%에 해당한다.[49] 포노 사피엔스 레벨5 정도라면, 적극적으로 스마트폰 앱을 사용하는 사람들이다. 포노 사피엔스 최고 수준을 레벨 10이라고 한다면, 이들은 이 디지털 소비 문명을 만들어가는 창조자 그룹이라고 할 수 있다. 기술적으로 충분한 이해도를 갖고, 인터넷 문명에 대해서도 익숙한 밀레니얼 세대는 스마트폰이 등장하고 바로 열광하며 별도의 교육 없이도 적극적으로 스마트폰을 활용하기 시작한다.[50]

문명의 교체

시상의 변화는 지금이 바로 문명의 교체 시기, 표준 문명의 전환기라고 말하고 있다. 구글이 제공하는 빅데이터 서비스를 통해 인류 문명의 변화를 살펴보아야 한다. 데이터로 보면 아이폰이 혁명의 출발점이다.[51] 2007년, 아이폰이 등장하면서 거대한 변화가 시작된다. 2009년이 되면서 아이폰의 인기는 태풍으로 바뀌기 시작한다.

삼성은 발 빠르게 갤럭시S라는 최초의 안드로이드 스마트폰을 출시하고 태풍을 일으킨 거인, 애플의 어깨에 올라탄다. 이때 삼성의 구글 검색량이 처음으로 소니를 앞지르기 시작한다. 불과 2년 만에 삼성은 소니를 2배 이상 검색량에서 앞지르기 시작했다. 불과 2년 만에 삼성은 소니를 2배 이상 앞지르기 시작했다.[52]

이 혁명적 변화는 많은 기업을 무너뜨렸다. 2011년 모토롤라의 매각을 시작으로, 2013년 노키아, 2016년 샤프(Sharp), 도시바(Toshiba), 제이브이씨(JVC), 산요(Sanyo) 등 거대한 IT기업들이 대거 몰락하며 새로운 시대가 열렸다.[53]

〈 표8 〉 세계 5대 기업과 포노 사피엔스[54]

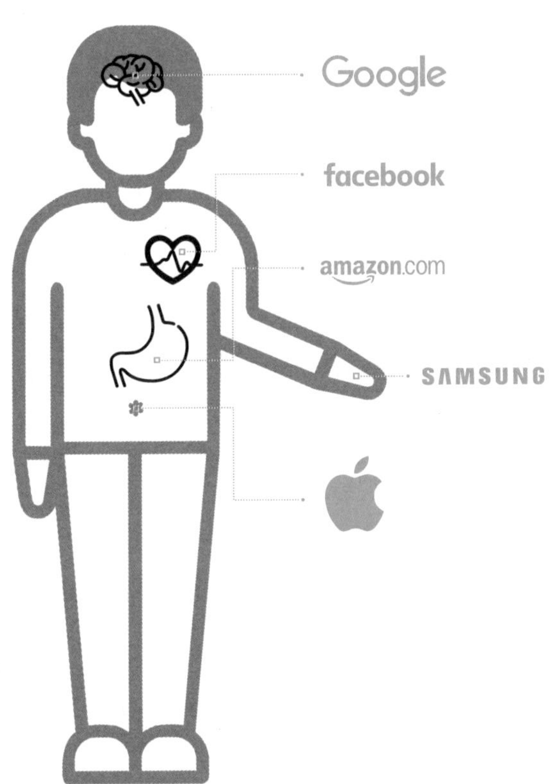

포노 사피엔스는 스마트폰을 신체의 일부로 여기며 삶의 방식을 재정의한 사람들이다.[55] 애플은 10년간 30억이 넘는 사람들이 스스로 스마트폰을 사용하게 만든 기업이다.

스마트폰이 인류의 손에 들리자 구글(Google)은 인간의 뇌 활동을 재정의한다. 페이스북은 인류의 심장, 관계와 애정을 재정의한다. 아마존은 소비생활을 바꾼 기업이다. 삼성의 갤럭시는 세계에서 가장 많은 사람들이 손에 들고 있는 스마트폰이 되었다.[56]

최재붕 교수는 "지금의 TOP5 브랜드(애플, 구글, 페이스북, 아마존, 삼성)가 의미하는 바는 포노 사피엔스 시대가 이미 우리의 생각 깊숙이 들었다는 것[57]"이라고 말했다.

게임에 대해서, 최재붕 교수는 '학생들이 게임도 즐길 줄 알아야 한다[58]'고 말한다. 청소년의 게임 중독이 심각하고 그에 대한 우려를 표한다. 게임의 중독성은 정말 심각하다. 그러나 게임 자체를 법으로 금지한다고, 이 문제가 해결되지 않는다. 무조건 못하게 하기보다는 적절히 잘 절제하는 것이 필요하다.

최재붕 교수는 '인류에게 중독은 피할 수 없는 운명이다.[59]'라고 말한다. 게임을 못 하게 할 것이 아니라 그 위험성과 가능성을 나누어 잘 가르쳐야 한다. 게임산업은 팬덤을 형성하는 것이 생존의 필수다. "위험하지만 배워야 한다. 그것은 이 시대를 살아가야 할 세대들의 숙명이다.[60]"라고 말한다.

온디맨드 - 수요자가 원하는 물품을 제공하는 서비스

최재붕 교수는 "디지털 소비 문명에 맞춰 사업을 기획하려면 디지털 플랫폼, 빅 데이터, 인공지능에 대한 학습이 꼭 필요하다"고 강조한다. 이것은 신산업 기업의 '3콤보[61)]'다. 모든 소비는 디지털 플랫폼으로 이동한다. 디지털 플랫폼에서 달라진 소비방식을 이해해야 한다. '소비자가 왕'이라는 인식을 가져야 한다. 디지털 플랫폼에 기반한 비즈니스는 고객의 자발적 선택과 팬덤에 의해서 성장한다.

디지털 플랫폼 다음으로 중요한 것은, 빅 데이터의 힘이다. 포노 사피엔스는 매일 엄청난 양의 데이터를 남긴다. 사이트마다 들어가서 흔적을 남기고, 폰으로 결제 정보를 남기고, 동영상을 찍어 유튜브에 올린다. 이 모든 행동은 데이터로 축적된다. 이 데이터를 들여다보면 고객의 마음을 읽을 수 있다.[62)] 아마존은 디지털 플랫폼, 빅 데이터, 그리고 인공지능을 가장 잘 결합해서 성공한 기업이다. 그리고 포노 사피엔스들로부터 가장 많이 선택을 받은 기업이다.[63)] 아마존이 다른 온라인 유통기업들과 가장 큰 차별점은 '팬덤'이다. 아마존을 키워준 가장 큰 무기는 '프라임 회원'이다. 무려 1억 천만 명의 충성고객이 연 회비 119달러를 내며 아마존에서 쇼핑을 즐긴다. 검색하면 새로운 상품과 최저가가 줄줄이 쏟아지는 인터넷 쇼핑몰에서 무려 13만 원이 넘는 돈을 미리 지불하는 것은 그만큼 서비스가 대단하기 때문이다.[64)]

아마존은 초창기부터 고객이 플랫폼에 남기는 모든 흔적에 관심을 가졌다. 쿠키라고 불리는 고객이 클릭한 정보를 분석해 고객이 어떤 걸

원하고, 어떤 타입인지를 끊임없이 분석한다. 그걸 프로그램화해 고객별 개인화 서비스를 개발한다. 베조스가 집중한 빅 데이터 분석은 고객의 마음을 읽는 것이다.[65]

새로운 인류 - 디지털 문명의 '인의예지(仁義禮智)'

세계 7대 플랫폼 기업들은 소프트웨어 인재 영입에 사활을 걸고 있다. 신문명에 걸맞는 인재는 소비자의 데이터를 통해 고객의 심리를 이해하는 힘이 필요하다. 데이터를 보고 고객의 마음을 읽어내려면 공감 능력이 뛰어나야 한다.[66] 디지털 문명 특성에 대한 이해도와 공감 능력이 있어야 한다. 고객이 왕인 디지털 플랫폼 시대에 그들과 공감하는 능력을 갖는 것은 기본적인 소양이자 필수 능력이 되었다. 그래서 어려서부터 SNS 활동을 통해 디지털 문명을 제대로 경험하고 공감의 능력을 키워야 한다.[67] SNS는 문화로 정착한 뒤 비즈니스까지 빠르게 번져간다. 인스타그램의 인플루언서나 유튜브의 유명 유튜버들은 매우 중요한 비즈니스 플랫폼으로 성장했다.[68] 또한 비즈니스에서 빅 데이터 분석은 필수적인 프로세스가 되었다.

스토리텔링 능력도 필요하다. 과거에는 '세계 최초' 또는 '세계 최고'라는 광고가 중요했다. 그러나 그런 트렌드가 사라졌다. 세계 최초보다 '나를 배려하는 제품', '나만을 위한 서비스'에 사람들이 몰리면서 기술보다는 배려가 중요해졌다.[69] 그래서 사업 기획의 첫 단계는 팬덤을 만드는 스토리텔링이다. 타깃 고객이 좋아할 스토리는 무엇일지 찾아내는 창조가 중요하다. 스토리텔링은 종합예술이다. 근간은 당연히 인문학적 소양이다. 이 시대가 원하는 스토리는 어떤 코드인지 치열하게 고민하고 노력해야 한다.

6.1인치 스크린을 통한 삶

〈 표9 〉 2018년 Z세대 현황 조사[70)]

스마트폰 사용 시간	Z세대의 비율
하루 10시간 이상	26%
하루 5~9시간	29%
하루 1~4시간	35%
하루 1시간 미만	3%
스마트폰 미보유 또는 미사용	7%

Z세대의 일상적인 스마트폰 의존은 Z세대의 세계관을 형성하고, 직장에서 소통과 협업에 대한 기대수준에 영향을 미치고, 교육에 대한 시각을 바꾼다. 그것은 Z세대가 브랜드, 서비스 제공자, 잠재적 고용주, 고객 서비스와 상호 작용하는 방식을 형성한다. 다른 세대들은 Z세대의 기술적 기대 수준이 유별나다고 느낀다. 하지만 그렇게 볼 사안이 아니다. Z세대는 어릴적부터 늘 경험해오고 알고 있던 바에 입각해, 다른 기대를 할 뿐이다. Z세대는 스마트폰과 함께 아주 많은 시간을 보낸다. Z세대의 84퍼센트가 1주일에 최소 1회 이상 메신저 앱을 사용하고, 45퍼센트는 메시지를 보낼 때 대부분, 또는 항상 이모티콘을 사용한다.[71)]

Z세대는 늘 인터넷에 연결된 상태다. Z세대 대다수는 스마트폰에서 떨어지는 경우가 거의 없고, 상당수는 무슨 메시지가 왔나 확인하기 위해 수십 분마다 스마트폰을 들여다본다.

〈 표10 〉 상황별 선호 앱[72]

페이스북	○ 단체행사를 확인할 때 ○ 단체행사 일정을 정할 때 ○ 뉴스를 볼 때 ○ 새로운 장소에 도착했음을 알릴 때 ○ 잠재적 고용주에 관한 정보를 찾을 때
스냅챗	○ 본인 영상을 올리거나 보낼 때 ○ 셀카 사진을 올리거나 보낼 때 ○ 흥미로운 일을 하는 본인 모습을 담음 영상을 올리거나 보낼 때
인스타그램	○ 좋아하는 브랜드를 팔로우할 때 ○ 가짜 소셜미디어 계정을 만들 때
휴대전화 문자	○ 친구와 만날 시간을 정할 때
페이스타임	○ 친구와 화상채팅을 할 때
평점/리뷰 맵	○ 구매할 제품에 관한 평가를 찾을 때

소셜미디어가 Z세대 미디어다

Z세대는 친구, 가족, 뉴스, 세계적 사건, 엔터테인먼트와 연결되는 수단으로 소셜미디어를 늘 사용해온 세대다. 소셜미디어는 그들을 세계인들과 연결하는 디지털 접착제와 같다. 그리고 그들이 손에 든 스마트폰의 작은 스크린에서 이 모든 일이 일어난다.[73] 소셜미디어의 잠재적 악영향과 부작용에도 불구하고 Z세대는 소셜미디어에 크게 의존한다.

스냅챗 / Z세대는 스냅챗에 열광한다. 누가 스냅챗을 얼마나 많이 사용하는지 알려면 그의 스냅챗 점수를 보면 된다. 스냅챗 점수는 일반적으로 스냅챗 플랫폼에서 스냅을 보내고 받은 회수에 따라 정해진다.[74] 유니크하고 개성 넘치는 사진을 빨리 만들 수 있는 스냅챗의 특성은 Z세대의 성향, Z세대의 고도로 시각적인 세대적 규범에 부합한다. 스냅챗에서는 가장 친한(또는 본인이 선택한) 친구 수백 명에게 사진을 보내고, 24시간 안에 친구가 답장으로 보낸 사진을 볼 수 있다.[75] 스냅챗은 페이스북이 대중화된 이후, 새롭게 인기를 끌고 있는, 즉 요새 Z세대 사이에서 유행하는 소셜미디어 플랫폼이다.[76]

인스타그램 / 인스타그램은 Z세대가 세상에 보여주고 싶은 본인의 생활방식, 경험, 정체성, 가치, 개인브랜드를 표현하는 편집된 사진들을 모아놓은 소셜미디어다. 인스타그램은 소셜미디어 인플루언서라는 현상을 낳은 플랫폼이다.[77]

페이스북 / 페이스북은 트위터와 더불어, Z세대가 사용하는 소셜미디어 목록에 들어 있지만, 중요도, 신뢰도, 영향력 면에서 다른 소셜미디어 플랫폼에 비해 낮게 평가받는다.[78)]

트위터 / 20대 Z세대 구성원들은 최신 뉴스를 접하기 위해 트위터에 의존한다. Z세대는 트위터 글들을 정치적 스탠스 또는 광고주들의 성향에 따라 편향 보도하는 거대 언론의 필터를 거치지 않은 정보라고 느낀다. Z세대는 트위터를 사회운동의 플랫폼으로도 인식한다.[79)]

이처럼 스마트폰은 신세대인 Z세대의 삶을 바꿔 놓았다. 스마트폰은 그냥 사용하거나 이용하는 것이 아니라 신체의 일부분이 되었고, 삶의 한 부분이 되었다. 이런 스마트폰을 신체 일부로 사용하는 세대에 어떤 변화가 일어났는지 살펴 보도록 하자.

6. 체인지(CHANGE)

〈 표11 〉 아홉 가지 포노 사피엔스 코드[80)]

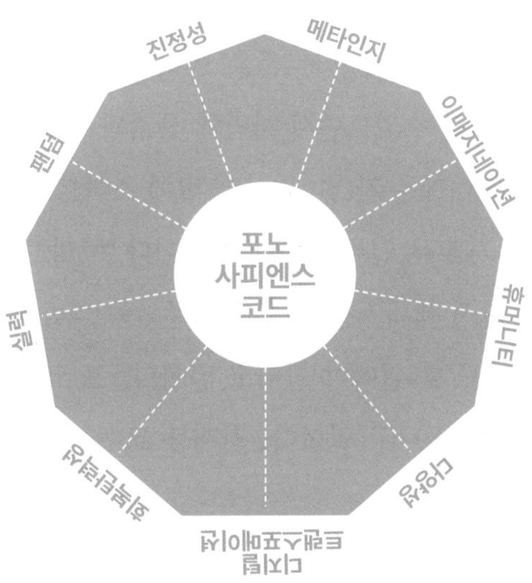

'포노 사피엔스'의 저자인 최재봉 교수는 "사실 코로나19가 터지기 전에도 인류는 '디지털 트랜스포메이션'(digital transformation)이라는 문명 교체로 혁명적 변화의 시기에 살고 있었다. 인류의 생활 공간은 빠르게 디지털 플랫폼으로 옮겨가고 있었고, 그로 인해 기존의 산업 생태계가 붕괴되고 다시 세워지는 과도기를 겪고 있었다. 그 위기 속에 코로나19까지 덮친 것이다.[81)]"라고 말했다. 방향은 정해져 있었으나 가속도가 붙게 되었다는 뜻이며, 또한 오프라인 중심의 문명 체계에 익숙한 '기성세대'와 스마트폰 기반의 디지털 플랫폼 생활에 익숙한 '포노 사피엔스(phono sapiens) 세대' 간의 갈등이 있었다고 말한다.[82)]

최재붕 교수는 "도구는 필요할 때 잠깐씩 사용하는 장비다. 그래서 핸드폰은 전화할 때 쓰는 '도구'였다. 반면 인공장기는 24시간 신체에 붙어 있어야 하고 동시에 다른 장기와 연결되어 인간의 일상을 바꾸는 역할을 한다. 그런 관점에서 스마트폰은 명백한 인공장기라고 할 수 있다. 24시간 신체에 붙어 있으면서 사람의 생각과 습관, 행동 양식을 바꾸는 역할을 한다. 이제는 간 밑에, 쓸개 밑에 스마트폰, '5장 6부'가 아니라 '5장 7부'의 새로운 인류가 탄생한 것이다.[83)]"라고 말했다.

최재붕 교수는 다시 세워지는 '생각의 기준', 즉 그들의 새로운 언어인 '포노 사피엔스 코드'를 알아야 한다고 말한다. 그 코드를 이해하고 삶에 적용해 변화해야 한다고 말한다. 최재붕 교수는 그 아홉 가지 키워드를 소개했다.

(1) **'메타인지'**다. 나를 정의하고 있는 기준, 내가 알고 있는 것의 기준부터 포노 사피엔스는 달라진다. '검색하면 모든 것을 알 수 있다'라는 생각은 나를 다른 존재로 정의하게 한다.

(2) **'이매지네이션'**이다. 내가 하는 모든 일은 메타인지에서 출발하는데 그라운드가 달라지니 상상력도 크게 달라진다. 문제를 보는 관점도 달라진다.

(3) **'휴머니티'**다. 포노 사피엔스는 지적 능력과 함께 대인 관계망도 크게 바뀌었다. SNS라는 네트워킹의 세계가 열린 것이다. 그곳은 오프라인의 세상보다 훨씬 더 감성에 대한 배려가 중시되는 공간이다. 휴머니티가 더욱 중요한 덕목이 되었다.

(4) **'다양성'**이다. 대중매체의 영향에서 벗어나 매일매일 자신이 선택한 플랫폼에 모여 함께 공유하며 생각을 나누는 인류는 자연스럽게 다양한 생각을 갖게 되었다. 나와 다르다는 것이 화낼 일도 아니라고 생각해야 할 때가 됐다.

(5) **'디지털 프랜스포메이션'**이다. 인류의 기본 생활 공간이 디지털 플랫폼으로 옮겨가면서 표준 생활이 바뀐 것이 디지털 트랜스포메이션의 본질이다. 생각의 기준 역시 디지털 플랫폼으로 옮겨와야 한다. 행동도 생각도 다 그렇게 변해야 한다.

(6) **'회복 탄력성'**이다. 이것은 애프터 코로나 시대에 꼭 필요한 것이다. 인류의 표준이 바뀌면 실패 후 일어나기 위해 필요한 역량도 달라진다. 더 많은 사람이 자주 실패할 수 있다. 실패의 위기를 기회로 전환하기 위해 꼭 갖추어야 할 역량이 회복 탄력성이다.

(7) **'실력'**이다. 포노 사피엔스 시대에 가장 필요한 것은 학벌도, 혈연도, 지연도 아닌 실력이다. 이는 모든 권력이 소비자의 손끝으로 옮겨가며 나타나는 현상이다.

(8) **'팬덤'**이다. 이는 실력을 가늠해 볼 수 있는 것이다. 이 시대 소비자들이 스스로 만드는 자발적 팬덤은 막강한 권력이 된다. 기술이 아니라 팬덤을 만드는 기술이 새로운 가치의 기준이 되는 시대에 살고 있다.

(9) **'진정성'**이다. 포노 사피엔스 문명에서 가장 크게 바뀌는 것은 모든 관계에서 진정성이 필수적이라는 것이다.

아홉 가지 '포노 사피엔스 코드' 가운데 '메타인지', '이매지네이션', '휴머니티', '디지털 트랜스포메이션', '팬덤', '진정성' 가운데 여섯 가지를 소개하고자 한다.

메타인지 [아는 것과 모르는 것을 알면 한계가 사라진다]

스마트폰을 통해 지식 네트워크에 접속하면 학습 능력은 폭발적으로 향상된다. 그리고 이것을 오랫동안 익숙하게 익힌 사람이라면 자기가 무엇을 할 수 있는지에 대한 영역이 더욱 확대된다. 더 뛰어난 지적 능력과 성취도를 갖게 된다. 검색할 줄 아는 능력, 검색을 통해 원하는 것을 빠르게 알아내는 능력은 매우 중요한 '지적 능력'이 된다.[84)]

최재붕 교수는 "표준이 바뀌면 '메타인지'를 바꾸어야 한다"라고 말했다. 위키백과에서 메타인지를 '인식에 대한 인식', '생각에 대한 생각', '다른 사람의 의식에 대한 의식' 그리고 '더 높은 차원의 생각하는 기술'로 정의하고 있다. 즉 메타인지는 '내가 무엇을 모르고 있는지를 아는 능력', 나를 객관적으로 판단할 수 있는 '또 하나의 자아적 인식'이다. 포노 사피엔스가 인류의 표준이 되었다면, 메타인지에 대한 기준도 달라져야 한다. 그리고 나를 바라보는 객관적 메타인지도 달라진다.[85]

1995년 이후 탄생한 Z세대에게 성공한 기업들은 모두 디지털 플랫폼 기반의 벤처들이다. 사업 아이디어도 거기서 나온다. Z세대에서는 삶의 공간이 디지털 플랫폼으로 옮겨간 것이 명확하다. 이것을 경험하는 Z세대는 불편하기 그지없다. 포노 사피엔스 시대에는 '소비자 관점에서 가장 편리한 방식을 찾아내는 것'이 표준이다. 디지털 플랫폼은 지도기반, 위치기반이 상식이다. 포노 사피엔스들의 디지털 플랫폼 기획 및 개발 능력은 날이 갈수록 빠르게 성장 중이다.[86]

이매지네이션 [생각의 크기가 현실의 크기를 만든다]

얼마나 많은 경험을 했느냐가 상상력의 폭을 결정한다. 메타인지가 폭발적으로 성장한다. 훌륭한 인재의 조건은 얼마나 많은 프로젝트를 직접 참여해서 수행해보았는지에 따라 결정된다.

위키백과에서 상상력을 "눈에 보이는 것이 없고 귀나 다른 감각기관에서 느낄 수 있는 것이 없을 때, 정신적인 이미지와 감각과 개념을 형성하는 능력이다."라고 정의한다. 상상력은 지식을 이해하고 경험의 의미를 아는 데 도움을 준다. 이것을 통해 사람들은 세계를 이해할 수 있고, 무슨 일이 일어나는 과정을 배울 수 있다. 상상력을 키우는 기본적인 훈련은 이야기를 듣는 것이다.[87]

일론 머스크(Elon Musk)의 상상력이 현실화되어가자 이미 현실화된 또 다른 그의 상상력, 전기자동차를 만드는 제조업체 '테슬라'의 주가가 치솟고 있다. 머스크의 상상력에서 시작한 것이다.

'사이코사이버네틱스'라는 단어가 있다. '정신적인 자동유발장치'라는 의미로서, 성형외과 의사였던 미국의 맥스웰 몰츠 박사가 만든 단어다. 상상은 경험을 토대로 만들어진다. 축적된 지식을 바탕으로 그림을 그려가는 과정이다. 상상을 현실로 만들어가는 힘은 현재의 능력에 기초한다. 그래서 많은 사람이 멋진 미래를 상상하고 그것을 현실로 만들기 위해 열심히 노력한다. 적지 않은 과정을 거쳐 그곳에 이르게 된다.[88]

스티브 잡스, 빌 게이츠, 일론 머스크, 마윈, 마화텅 등을 롤 모델로 삼으면, 그 다음은 그들처럼 되는 상상을 하게 된다. 이들이 만들어낸 비즈니스 아이디어들은 모두 기존 교육 시스템과 디지털 플랫폼 기반의 자발적 학습이 잘 버무려져 만들어진 결과물이다. 물론 기존의 교육 시스템에서 엘리트로 자라는 인재는 여전히 중요하다. 문제는 그 꿈을 이루는 방법과 기준이 달라졌다는 것이다.[89]

예로부터 시험을 잘 보려면 시험공부 말고 다른 것을 하면 안 된다. 게임, SNS, 유튜브. 부모들이 볼 때 이런 건 정말 하면 안 되는 것이다. 그래서 많은 부모님이 스마트폰을 자제시키거나 멀리하게 한다. 게임도 못 하게 한다. 그러나 최재붕 교수의 생각은 부모들과 다르다. 그는 기업의 표준이 달라지는 시대가 되었다고 한다. 이제 기업은 새로운 상상력을 가진 인재들을 필요로 한다. 어려서부터 검색을 통해 지식을 습득하고 유튜브를 통해 학습하는 습관을 지닌 학생이 여러모로 유리하다.

빅데이터, 인공지능, 데이터 마케팅. 이런 온갖 생소한 용어가 나올 때마다 익숙하게 찾아내고 유튜브를 통해 전문적인 내용까지 단기간에 흡수할 수 있는 사람이 필요하다. 포노 사피엔스 시대에 기업이 찾는 인재는 바로 이런 사람이다.[90]

휴머니티 [자기 존중감은 모든 사람의 권리다]

최재붕 교수는 "포노 사피엔스 시대에 가장 필요한 것 한 가지만 꼽으라고 한다면 '인간다움', '인간의 본질', 바로 '휴머니티'다"라고 말했다.[91] 포노 사피엔스 문명에서는 말 한마디에 더욱 조심스러운 배려가 필요하다. 그러기 위해서는 공감 능력을 키워야 한다.

〈 표12 〉 **[꼰대 테스트]**[92]

- 처음 만나는 사람에게 나이와 학번을 물어봐야 직성이 풀린다. ☐
- 후배나 후임 나이 때 내가 잘했던 것이 무엇인지 말해주고 싶다. ☐
- 후배나 동료의 옷차림이 너무 개방적이거나 튀면 마음에 안 든다. ☐
- 나보다 늦게 출근하는 후배가 거슬린다. ☐
- 후배에게 인생 선배다운 조언을 해줬을 때 무언가 뿌듯하다. ☐
- 자유롭게 의견을 내보자고 하지만, 결국 내가 생각했던 대로 간다. ☐
- 나이가 들수록 어쨌든 아는 게 많고 지혜가 쌓이는 건 맞다고 생각한다. ☐
- 눈치 보지 않고 칼퇴할 수 있는 요즘 세상 많이 좋아진 거다. ☐
- 후배나 후임들이 일하는 걸 보면 성에 안 찬다. 열정적이거나 성실하지 않아 보인다. ☐
- '나는 꼰대가 아니다'라는 말을 자주한다. ☐

몇 개가 해당되시나요? 7개 이상이라면, 인정하고 싶지 않겠지만 꼰대일 가능성이 상당히 높다.

소셜 네트워크 안에서의 공감 능력은 소셜 네트워크를 말한 사용해야 키울 수 있다. 이렇게 소통하면서 조금씩, 조금씩 새로운 문명의 교감 방식을 배워가고 그에 걸맞는 감성을 키워가야 한다.[93]

요즘 흔하게 등장하는 단어가 바로 '꼰대'다. 나이는 들었지만 꼰대가 되지 않는 방법은 '휴머니티'에 달렸다. 최재봉 교수는 "모든 인간은 평등하고 사랑받을 권리가 있다는 휴머니즘을 실천하면 문제가 해결된다"라고 말한다.[94]

디지털 트랜스포메이션 [모든 부는 디지털 공간으로 모인다]

포노 사피엔스의 생활 공간은 디지털 플랫폼으로 이동했다. 인류의 삶이 디지털 플랫폼으로 옮겨간 현상을 '디지털 트랜스포메이션'이라고 한다. 미국의 학자들은 시장의 혁명적 변화를 두고 '제4차 산업혁명 시대'라는 말보다 '디지털 트랜스포메이션'이라는 표현을 더 많이 쓴다.[95]

스콧 갤러웨이 교수는 《플랫폼 제국의 미래》에서 '구글, 애플, 페이스북, 아마존'이 사람들을 흡수했고, 그것을 통해 인류의 문명이 바뀌었다고 말했다. 첫 글자를 따 'GAFA'로 불린 기업들이 세상을 바꾸었다. 제일 먼저 필요한 것이 '생각에 대한' 디지털 트랜스포메이션이다.[96] 애플은 삼성전자와 함께 스마트폰을 만들고 보급하는 기업이다. 아이폰 탄생 이후 이제 50억 명이 넘는 인류가 스마트폰을 마치 장기처럼 사용하고 있다. 구글은 인간의 뇌를, 생각의 방식을 바꾼 기업이다. 포노 사피엔스는 궁금하면 검색을 한다. 페이스북은 인간의 관계를 디지털 플랫폼으로 확대한 모든 SNS를 대표하는 기업이다. 아마존은 인류의 소비 패턴을 바꾼 대표 기업이다.[97] 최재붕 교수는 "Z세대라고 불리는 1995년 이후 출생한 세대가, 포노 사피엔스의 본진이다"라고 말했다.[98] Z세대는 태어났을 때 이미 인터넷과 컴퓨터가 있었었고, 10대가 되었을 때 스마트폰을 손에 쥐기 시작한 세대다. 그래서 모든 일상의 기억이 스마트폰이라는 새로운 인공장기와 함께 형성된 세대이자 가장 스마트폰을 잘 활용하는 세대다.

팬덤 [가장 큰 권력의 지지를 받다]

애플의 아이폰이 빠르게 확산된 가장 큰 이유는 아이폰 사용자의 놀라운 경험이 디지털 플랫폼을 타고 퍼지면서 엄청난 팬덤을 형성했기 때문이다.[99] 최재붕 교수는 "수많은 성공 요인 중에서 주목한 것은 이들이 만들어낸 소비자의 자발적인 '팬덤'이다[100]"라고 말했다. 특히 게임을 가득 담은 앱 스토어의 역할이 강력했다. 애플의 팬덤은 전문 용어가 생길 정도이다. '애플 팬보이'라고 한다. 원래 팬덤이라는 단어는 광기(fanatic)라는 의미를 담고 있다. 기업의 성공을 좌우하는 요소로 과거 어느 때보다 팬덤이 중요해진 이유는 디지털 플랫폼에서 형성된 문명의 특징이 '소비자 권력 시대'이기 때문이다.[101] SNS 문명은 소비자 스스로가 주도권을 갖고 참여하고 소통하는 것이 기본적인 특징이다.

진정성 [누구나 볼 수 있는 투명한 시대를 살고 있다]

디지털 플랫폼 시대에는 실력이 성공을 결정하는 가늠자가 된다. 전문성도 갖추어야 하고 문제해결 능력도 키워야 한다. 동시에 실력을 발휘할 디지털 플랫폼에 대해서 익숙해야 한다. 디지털 플랫폼 활용에서 가장 중요한 키워드는 바로 '진정성'이다. 성공한 유튜버들이 보여주는 킬러 콘텐츠의 핵심은 진정성이다. SNS에서 가장 중요한 성공의 요소로 언급되는 것이 바로 콘텐츠의 진정성(Authenticity)이다.[102)]

진정성의 실체는 무엇인가? 국어사전에는 '진실하고 참된 성질'이라고 나와 있다. 영어로 'authenticity'인데, 매우 철학적인 함의를 담은 단어다. 좀더 깊이 있게 정리하자면 '자기 자신에게 진실한 태도'라고 할 수 있다. 반대되는 개념이 스노비즘(snobism)이다.[103)] 스노비즘은 은근히 잘난 체하면서 상대보다 우월하다는 것을 보여주고 싶어 하는 조금 속물적인 마음이다. 가식이 반복되면 사람들도 그 미묘한 차이를 눈치채기 시작한다. 더 무서운 것은 내 마음의 진정성이 허물어지기 시작하는 것이다.

비영리재단 모티베이트 유스(Motivate Youth)의 청소년 마케팅 담당 부사장 그레그 위트(Gregg Witt)는 "내가 보기에 브랜드들이 소셜미디어 전략을 세우는 과정에서 저지르는 가장 큰 실수는, 독특한 캐릭터를 만드는 방식으로 기업 이미지를 억지로 꾸며낸다는 것이다. Z세대는 진짜를 원한다. 투명성을 바란다. 무엇보다 Z세대는 독창성을 원한다"라고 말했다.[104)]

7. 메타버스

메타버스는 사회의 드러나는 현상이 되었다. 누구나 메타버스에 대해서 말한다. 그리고 점차 메타버스를 이용하는 사람들이 늘어나고 있다. 그런데 Z세대는 메타버스 안에서 자기의 삶을 표현하고 자기를 주장하고 있다. '메타버스' 시대라는 것을 실감나게 해 주는 일이 많아졌다. 사이버 인간 '로지'가 광고에 등장했고 매우 큰 인기를 누렸다. 2020년 10월 방탄소년단(BTS)가 연 'BTS 맵 오브 더 솔 원'(BTS MAP OF THE SOUL ON:E)을 191개국에서 총 99만3,000명이 시청했다. 이 공연은 당초 현장 콘서트와 온라인 스트리밍을 병행할 예정이었으나, 코로나19가 확산세가 이어지면서 온라인으로만 진행됐다. 이 공연의 매출이 491억5,350만 원에 달했다. 메타버스는 이제 먼 나라 이야기가 아니다.

메타버스는 초월, 가상을 의미하는 메타와 세계, 우주를 뜻하는 유니버스(universe)의 합성어다. 기술 연구 단체인 ASF[105]는 메타버스를 증강현실(augmented reality) 세계, 라이프로깅(lifelogging) 세계, 거울 세계(mirror worlds), 가상(virtual worlds) 세계의 네 가지로 분류한다.[106]

증강현실 세계: 현실에 판타지 & 편의를 입히다
(현실 세계 + 판타지 + 편의 = 증강현실 세계)

현실 세계의 모습 위에 가상의 물체를 덧씌워서 보여주는 기술이 증강현실의 시작이었다. 포켓몬고가 대표적 케이스다. 증강현실 세계의 개념을 세분화해서 보도록 하자. 첫째, 앞서 설명한 대로 스마트폰, 컴퓨터를 통해 보는 현실의 모습 위에 가상의 물체를 입혀서 보고, 상호작용하는 방식이다. 둘째, 현실의 물리적 공간에 어떤 기계장치, 설치물을 놓고 그런 것들을 통해 현실에 존재하지 않는 판타지를 현실 공간에서 보여주는 방식이다. 셋째, 현실 세계를 배경으로 새로운 세계관, 스토리, 상호작용 규칙을 만들고 그런 것들을 참가자들이 서로 지키고 소통하며 즐기는 방식이다. 증강현실 콘텐츠를 경험해 보면, 마치 현실 공간을 배경으로 평행 우주 속 다른 지구에서 살아가는 것 같은 느낌이 든다. 증강현실은 크게 두 가지 가치를 우리에게 준다. 첫째는 판타지다. 둘째는 편의성이다.[107)]

현빈 & 박신혜가 보여준 메타버스: 알함브라 궁전의 추억 / '알함브라 궁전의 추억'은 2018년 tvN에서 16부작으로 방영한 드라마다. 증강현실을 배경으로 만든 최초의 드라마다. 아쉬움도 컸다. 알함브라 궁전의 추억에 등장한 증강현실 메타버스인 넥스트, 그 속에서 등장인물들은 처음부터 끝까지 전투만 한다.[108)]

21세기 봉이 김선달: 나이언틱의 지구 땅따먹기 / 나이언틱은 미국 캘리포니아주 샌프란시스코에 위치한 IT기업이다. 포켓몬고는 나이언틱의 대표작품이다. 나이언틱은 인그레스라는 증강현실 콘텐츠를 운영하고 있다. 인그레스 메타버스에서 참가자들은 계몽군과 저항군의 두 팀으로 나눠서 땅을 뺏는 전쟁을 벌인다. 참가들은 인그레스 안에서 요원(agent)의 신분을 맡는다. 인그레스는 스마트폰 GPS정보에 기반하여 참가자가 있는 지역의 구글 지도와 연동해서 진행된다. 인그레스는 기본적으로 땅을 빼앗는 경쟁 규칙으로 운영되는 메타버스다. 실제 공간을 움직이면서 진행되는 방식이어서, 인그레스에서는 GPS 정보를 매우 중요하게 다룬다. 현실의 물리적 공간을 활용하는 상황에서 생각할 부분이 두 가지 있다. 첫째, 요원 간에 물리적 접촉이 생기는 경우다. 둘째, 소유권에 관한 문제다.[109]

코카콜라의 텔레포트: 싱가포르에 눈을 뿌리다 / 2014년 겨울, 코카콜라는 전 세계인을 연결한다는 목표를 세우고 매우 흥미로운 홍보 이벤트를 진행했다. 핀란드와 싱가포르를 연결하는 프로젝트였다. 커다란 자판기 모양의 기계를 두 대 만들어서 하나를 핀란드 라플란드의 산타 마을에 설치하고, 다른 하나를 싱가포르 래플스 시티에 설치했다. 핀란드 산타 마을에 설치한 자판기 모양의 기계 아랫부분에는 눈을 퍼서 담는 투입구가 있다. 싱가포르에 설치한 자판기 모양의 기계 윗부분에는 인공 제설기가 달려있는데, 그 제설기에서 눈을 뿌려준다. 코카콜라는 인류 최초로 텔레포트 장치를 만들어서 사람들에게 선물한 셈이다.[110]

돈 내고 감옥에 갇히는 Z세대: 방탈출 카페 / 방탈출 카페가 있다. 방문자는 2~4만원 정도의 비용을 지불하고, 탈출 테마 중 하나의 방에 들어간다. 제한 시간 내에 모든 자물쇠를 풀고 정해진 공간에 도달하면 우승하는 규칙이다. 국내 방송에서 방탈출 카페 운영방식을 응용해서 프로그램을 제작한 사례가 많다. 플레이더월드 콘텐츠를 즐기는 순간만큼은 우리와는 다른 방탈출 메타버스에 머무는 셈이다.[111)]

증강현실로 탄생한 또 다른 나: 스노우 & 제페토 / 10대, 20대들이 스마트폰에 꼭 설치하는 앱이 있다. 사진을 보정하는 앱인 스노우, 소다, 우타캠 등이다. 젊은 세대들은 '앱으로 보정된 모습까지가 실제 내 모습'이라고 생각하고, 서로 인정해주는 문화다. 스노우 앱을 만든 ㈜스노우가 새롭게 키우고 있는 서비스가 제페토다. 제페토는 증강현실에 라이프로깅과 가상 세계를 합친 플랫폼이다. 라이프로깅은 소셜미디어, 가상 세계는 스마트폰이나 컴퓨터 속에 만들어진 3차원 세계라고 생각하면 된다.

제페토에서 매우 다양한 기능을 제공하고 있는데, 이를 크게 네 가지로 나눠서 설명할 수 있다. 첫째, 제페토는 3D기술과 증강현실을 접목한 강력한 아바타 서비스를 제공한다. 둘째, 마켓플레이스 플랫폼을 제공한다. 셋째, 소셜미디어 기능을 제공한다. 넷째, 아바타들이 즐길 수 있는 게임과 이벤트 공간을 사용자가 직접 제작할 수 있다. 국내에서 2020년 10월, 빅히트엔터테인먼트와 YG엔터테인먼트가 각각 70억 원, 50억 원을 제페토에 투자했다.[112)]

증강현실이 만들어낸 스마트 팩토리: 에어비스 & BMW / 제품 생산 과정에 다양한 정보통신기술을 적용해서 생산 효율을 향상시킨 미래형 공장을 스마트 팩토리라 부른다. 증강현실은 제조 현장, 공장의 환경까지 변화시키며 스마트 팩토리를 현실화하고 있다. 증강현실을 적용하면 결과적으로 생산품의 품질 향상과 리드 타임 개선에 도움이 된다. 각종 사고를 예방하는 효과까지 있어서 안전 관리 수준도 높여준다. 증강현실은 현장 근로자들에게 제조 과정에 필요한 각종 기술을 교육하는 데에도 폭넓게 쓰인다.113)

라이프로깅 세계: 내 삶을 디지털 공간에 복제한다

(현실의 나-보여주고 싶지 않은 나 + 이상적인 나 = 라이프로깅 세계)

자신의 삶에 관한 다양한 경험과 정보를 기록하여 저장하고 때로는 공유하는 활동을 라이프로깅이라 부른다. 라이프로깅에 참가하는 사람은 크게 두 가지 역할을 한다. 첫째, 학습, 일, 일상생활 등 자신이 살아가는 다양한 모습, 자신에게 일어나는 모든 순간을 텍스트, 이미지, 동영상 등으로 기록하고 이를 온라인 플랫폼에 저장한다. 둘째, 다른 사용자가 올려둔 라이프로깅 저장물을 보고 그에 관한 자신의 생각을 텍스트로 남기거나, 이모티콘으로 감정을 표시하고, 나중에 다시 보거나 다시 공유하기 위해서 자신의 라이프로깅 사이트에 가져온다. 현실의 나에게서 보여주고 싶지 않은 나를 빼고, 이상적인 나의 이미지를 조금 추가해서 즐기는 라이프로깅이 대세인 셈이다.114)

메타버스 속 친구의 의미: 인생의 동반자 vs, 여행의 동반자 / 세계 인구의 1/5은 페이스북을 매일 쓰는 셈이다. 라이프로깅 메타버스에서는 와이파이를 타고 페이스북과 같은 소셜미디어를 통해 누군가를 만난다. 독자들은 서로 삶의 기록, 라이프로그를 공유하고 응원하는 라이프로깅 메타버스 속 친구들을 여행의 동반자로 바라보면 좋겠다.[115)]

메타버스 속 스키너 상자: 상처 받은 뇌를 위한 안식처 / 메타버스에 우리의 삶을 왜 기록하고 공유할까? 자신 삶의 기록을 남기려는 목적도 있겠으나, 타인과 연결해 주는 소셜미디어의 기본 특성을 볼 때 자신이 겪은 좋은 일에 대한 인정이나 축하, 나쁜 일에 대한 위로나 격려를 받고 싶은 마음이리라 생각한다. 이 부분에 인간의 보상기대 시스템이 작용한다. 요컨대, 영원히 만족하지 못하는 인간의 특성이 페이스북, 트위터, 카카오스토리 등의 소셜미디어에 많은 이들이 끊임없이 무언가를 올리고 반응하는 원동력이 되고 있다.[116)]

우리는 서로를 돕는 멍청한 개미다 / 라이프로깅 메타버스에 올라오는 글들은 말 그대로 누군가의 라이프로그, 생활에 관한 기록이다. 히라쿠 박사는 길을 잘 찾지 못하는 개미들이 포함된 집단, 그렇지 않은 집단, 이렇게 두 그룹을 비교할 때 어떤 그룹이 목표 지점에 빠르게 도착하는가를 관찰했다. 결과는 의외로, 길을 잘 찾지 못하는 개미들이 포함된 집단이 더 빠르게 도착했다. 멍청한 개미는 때로 샛길로 빠지기 일쑤다. 얼핏 보면 샛길로 빠지는 개미가 도움이 안 될 것 같지만, 그

빠진 샛길이 때로는 지름길이 되거나, 그 길에서 전혀 생각하지 못했던 무언가를 배우기도 한다. 그래서 오랜 시간을 두고 보면, 샛길로 빠지는 조금 멍청한 개미는 의미 있는 동반자다.[117)]

21세기 지킬과 하이드: 멀티 페르소나 / 사회학적으로 보면 페르소나는 집단으로 살아가는 세상에서 개인이 겉으로 드러나는 모습을 의미한다. 한 명의 사람이 현실 세계와 여러 개의 메타버스를 동시에 살아가면서, 여러 개의 페르소나를 보여주는 세상이다. 심지어 이를 디지털 세상에서 나타나는 다중인격이라 비판하기도 하지만, 해리성 정체감 장애를 의미하는 다중인격과는 큰 차이가 있다. 여러 메타버스에서 조금씩 다른 성향을 보여주는 사람이 있다고 해서, 그가 이런 정신과적 문제를 안고 있는 것은 아니다. 이런 멀티 페르소나가 오히려 주목받는 시대다.[118)] (단, 메타버스 안에서의 멀티 페르소나에 한정한 것이다.)

메타버스에는 외톨이가 없다 / 당신이 외톨이가 되고자 굳게 마음먹은 게 아닌 이상 메타버스에서 외톨이가 될 가능성은 정말 낮다. 오래전부터 잘 알고 지낸 사람, 이미 현실 세계에서 여러 번 만난 사람 같은 느낌이 들었을 것이다. 여기에 두 가지 이유가 있다. 첫째, 암흑효과가 존재하는 메타버스에서 이미 알고 지낸 사람이기에 상대방을 현실 세계에서도 역시 가깝게 느낀다. 둘째, 노출 빈도가 가져오는 친밀감에 관한 착시 현상이 있다.[119)]

사생활 판매 경제: 방학 일기는 안 썼지만, 브이로그는 꼭 한다 / 동영상을 뜻하는 비디오와 블로그를 합친 개념이 브이로그다. 유튜브, 인스타그램, 페이스북 등의 소셜미디어에 자신의 일상을 동영상으로 찍어서 공유하는 것을 의미한다. 브이로그를 찍는 시간과 공간의 스펙트럼이 넓어질수록 브이로그에 관한 문제점도 많이 제기되고 있다. 우리는 다른 이가 공유하는 삶의 기록을 왜 열심히 찾아보거나, 의견을 남길까? 첫째, 정보를 얻고 싶어서다. 둘째, 대리만족이다. 그런 이유로, 우리는 라이프로깅 메타버스에 일상을 세세하게 기록하고 있다.[120]

흥한 페이스북, 유튜브 vs 망한 싸이월드 / 싸이월드가 사라지고, 페이스북이 급성장한 이유는 무엇일까? 첫째, 접근성이다. 둘째, 사용자 메뉴의 편리성이다. 셋째, 플랫폼적 특성이다. 사용자들이 페이스북 계정을 가지고 외부 서비스에 로그인하여 다양한 웹사이트, 앱들을 편하게 쓰도록 연결해 주면서, 페이스북의 문을 여러 기업들에게 열어줬다. 라이프로깅을 위한 소셜미디어 메타버스가 성장하려면, 누구나 빠르게 접근할 수 있어야 한다.[121]

세계인의 운동 기록을 삼킨 나이키 메타버스 / 나이키는 2006년도 애플과 손잡고 나이키 플러스 서비스를 만들었다. 2012년에는 나이키 플러스 퓨얼밴드라는 팔찌 형태의 장치를 출시했다. 나이키는 하드웨어가 아닌 앱을 기반으로 소비자들이 더 빠르고 쉽게 나이키가 만든 운동 메타버스로 빨려들도록 전략을 수정했다. 현재는 크게 두 가지 서비스를 운영하고 있다. 달리기를 위한 앱인 나이키 플러스 러닝과 종합적인 운동을 관리하는 앱인 나이키 트레이닝 클럽이다.[122)]

거울 세계: 세상을 디지털 공간에 복제한다

(현실 세계 + 효율성 + 확장성 = 거울 세계)

실제 세계의 모습, 정보, 구조 등을 가져가서 복사하듯이 만들어 낸 메타버스를 '거울 세계'라고 한다. 현실 세계의 효율성과 확장성을 더해서 만들어진다. 거울 세계는 우리에게 현실 세계를 그대로 보여주는 것 같지만, 하나의 거울 세계가 현실 세계의 전체를 다 담고 있지는 않다.[123)]

구글은 왜 지도를 만들까? / 구글은 지도 서비스를 2005년 2월에 발표한 후 지금까지 지속적으로 업데이트를 하면서, 서비스를 확장하고 있다. 구글은 자사의 지도 서비스를 다른 기업들이 사용하게 허용하고 있다. 2018년에 구글이 지도 데이터에 관한 가격 정책을 변경하면서 점점 더 요금을 올리는 쪽으로 정책이 바뀌고 있다. 거울 세계 메타버스를 만들고 활용하는 기업, 국가가 늘어날수록 구글이 갖고 있는 지도 데이터의 영향력은 실로 막강해질 것이다. 거울 세계 메타버스가 활성화되면서, 구글은 여러 거울 세계의 밑그림을 지고 있는 거대한 권력자가 되었다.[124)]

마인크래프트 세상을 3조 원에 사들인 마이크로소프트 / 마인크래프트가 처음 선보인 시기는 2011년이다. 마인크래프트는 레고 같은 네모

난 블록을 마음대로 쌓아서 자기만의 세상을 만드는 놀이다. 마인크래프트의 가장 중요한 특징이자 장점은 마인크래프트가 샌드박스게임이라는 점이다. 마이크로소프트가 모장스튜디오를 인수하던 당시에는 인수가가 너무 높은 게 아니냐는 의견도 있었으나, 결과적으로 마이크로소프트 입장에서는 성공적인 인수라 평가한다. 마인크래프트를 가장 좋아하는 연령대는 초등학생이다. 현실 세계에 모이지 못하니, 마인크래프트로 실제 대학의 모습과 똑같은 거울 세계를 만들고, 그 메타버스 안에 모여서 대화하고 놀며 졸업식도 하겠다는 취지다.[125]

방 없는 호텔: 에어비앤비 / 혁신을 나누는 여러 방법 중 핵심역량약화, 핵심역량강화 분류가 있다. 그러나 때로는 역발상으로 핵심역량에 대한 집착을 버리면서 새로운 돌파구를 찾게 된다. 핵심역량약화는 기업이 제품, 서비스를 생산, 운영하는 데 있어, 일반적으로 핵심적이라 여겨지는 역량을 오히려 약화하면서 이뤄내는 혁신이다.[126]

요리 안하는 식당: 배달의 민족 / 배달의 민족은 우아한형제들에서 운영하는 음식 배달 서비스다. (배달의 민족은 독일회사 DH에 의해 인수합병되어 요기요, 배달통과 한 식구가 되었다.) 거울 세계에 만들어진 배달의 민족 메타버스는 현실 세계의 식당 시스템에도 큰 변화를 일으켰다. 그런데 음식 배달 메타버스가 커지면서, 고객이 앉아서 식사하는 공간을 아예 없애고 배달만 전문으로 하는 식당들이 등장하기 시작했다. 배달의 민족, 에어비앤비 등과 같이 현실 세계를 거울 세계에서 중개하는 사업 모델에서 고객들은 플랫폼이 제공하는 후기에 큰 영향을 받는다.[127]

하버드보다 입학하기 어려운 대학: 미네르바스쿨 / 미네르바 스쿨은 미국 샌프란시스코에 본부를 둔 대학이다. 수업의 핵심은 학생들이 각자 학습한 주제를 놓고 벌이는 토론이다. 미네르바스쿨이 온라인에서 수업을 진행하는 기존 사이버대학이나 MOOC와 비슷하다고 생각하지만, 실제는 다르다.(차이는 교수와 학생들의 토론에 있다.) 미네르바스쿨은 거대한 캠퍼스를 가진 대학을 거울 세계로 옮겨놓으면서 수업 운영비용을 낮추고, 학습 효율을 높였으며, 교수에게는 수업 운영의 확장성을 주고 학생에게는 실무 기반 학습의 확장성을 주었다.[128]

언택트 세상, 모두의 교실이 된 Zoom / 학교와 기업들이 강의실에서 운영하던 교육을 줌을 활용한 비대면 온라인으로 바꾸면서, 각 기관과 교육자마다 수업을 운영하는 방식에서 다른 점이 앞서 설명한 미네르바스쿨의 학습 방법과 같다. 강사가 일방적으로 혼자 설명하지 않고, 학생들의 의견을 계속 청취하고 서로 토론하게 유도하며 자유롭게 질문할 기회를 주는 방식이다.[129]

블록체인으로 만들어진 거울 세계: 업랜드 / 업랜드는 나이앤틱보다 더 대놓고 봉이 김선달 행세를 하는 기업이다. 업랜드에서 사용하는 UPX화폐와 부동산에 대한 소유권 정보는 모두 블록체인 기술로 안전하게 보호된다. 업랜드는 기업의 미션을 '현실 세계와 거울 세계가 만나는 교차지점에서 모든 이들에게 즐거운 경험과 새로운 기회를 주는 것'으로 정의하고 있다.[130]

가상 세계: 어디에도 없던 세상을 창조한다

(신세계 + 소통 + 놀이 = 가상 세계)

메타버스인 가상 세계는 현실에 존재하지 않는 전혀 다른 신세계다. 현실과는 다른 공간, 시대, 문화적 배경, 등장인물, 사회 제도 등을 디자인해 놓고, 그 속에서 살아가는 메타버스가 가상 세계다. 가상 세계에서 사람들은 자신의 본래 모습이 아닌 아바타를 통해 무언가를 한다. 첫째, 탐험을 즐긴다. 둘째, 소통을 즐긴다. 셋째, 성취를 즐긴다.[131)]

멘탈 시뮬레이션 플랫폼 / 가상 세계에서는 다른 사람이 어떤 행동을 하는지 관찰하기 쉽다. 이런 관찰을 통한 학습을 대리 경험이라 하는데, 현실 세계와 마찬가지로 대리 경험은 가상 세계 안에서도 우리에게 큰 도움이 된다.[132)]

로블록스 메타버스의 주인이 된 아이들 / 로블록스는 거울 세계에서 설명한 마인크래프트와 겉보기에 비슷한 면이 많다. 마인크래프트는 여러 블록을 활용해서 레고 블록을 만들 듯이 자기만의 세계를 만드는 게 핵심이다. 로블록스는 소셜미디어와 연결되어 있다.[133)]

가상 세계로 들어간 기업들: 광고를 삼키는 포트나이트 / 포트나이트는 에픽게임즈가 운영하는 배틀로얄 구조의 메타버스다. 포트나이트는 나이키와 협력하여 현실 세계의 제품을 메타버스 안으로 가져가는 시도를 했다. 미래는 이런 인터넷 사용 방식이 변하리라는 예측이 많다.

하나의 메타버스에 들어가 있으면 그 안에서 일하고, 쇼핑하고, 사람들과 소통하면서 현실의 삶처럼 하나로 연결되는 경험을 하리라는 의견이다.[134]

가상 세계로 떠난 명품: 루이비통과 LoL의 콜라보 / 2019년 하반기부터 프랑스의 명품 브랜드인 루이비통은 라이엇게임즈가 운영하는 게임인 '리그오브레전드'와 협력하기 시작했다. 루이비통은 LoL과 두 가지 방향으로 협업을 진행하고 있다. 첫째, LoL 내에서 사용하는 게임 스킨에 루이비통 문양을 넣어주는 방식이다. LoL 게임에서 사용하는 로고, 등장하는 캐릭터 등을 넣은 루이비통 제품을 만들어서 'LVxLOL'이라는 컬렉션으로 직접 판매하기 시작했다. 2020년 6월, 영국의 명품 패션기업 버버리는 독특한 게임을 직접 출시했다. 버버리가 발표한 게임은 B서프라는 이름의 서프 경주 게임이다.[135]

현실이 된 SF영화: 레디플레이어원 & 하프라이프 알릭스 / 영화에 등장하는 가상현실 게임인 오아시스는 가상 세계 메타버스라는 점에서 몇 가지 생각할 부분이 있다. 첫째, 오아시스 수준의 실재감을 주는 가상 세계 메타버스의 구현 가능성이다. 둘째, 영화에 등장하는 거대 기업인 IOI가 이스터 에그를 찾기 위해 직원들을 오아시스 게임에 접속시켜 일을 시키는 장면을 생각해보자.[136]

Z세대가 창조하는 디지털 신대륙, 메타버스

'포노 사피엔스'의 저자 최재붕 교수는 "메타버스라는 세계는 갑자기 등장한 기술이 아니라, 기존에 이미 존재했던 기술이다. 그런데 갑자기 이렇게 주목받게 된 것은, 과거에는 각 분야로 흩어져 전문적인 영역에서만 사용되던 메타버스의 분야별 기술들이 오늘날에 플랫폼을 중심으로 융합되면서 거대한 생태계를 형성하기 시작했기 때문이다."라고 말했다.[137]

생태계가 형성되었다는 것은 사용자가 크게 늘었다는 것을 의미한다. 데이터상 중요한 점은 현재 Z세대를 중심으로 메타버스라는 새로운 세계가 폭발적인 인기를 끌고 있으며, 세계 최고의 기업들도 향후 10년 이내에 지금의 페이스북, 인스타그램 등을 대체할 플랫폼으로 메타버스를 지목하고 있다는 것이다. 우리나라에 네이버 Z가 운영하는 대표적인 메타버스 플랫폼 제페토(ZEPETO)가 있다.[138] 최근 가장 주목받고 있는 메타버스 플랫폼은 단연 로블룩스다.

메타버스와 함께 등장한 새로운 거래 시스템, NFT / NFT를 쉽게 이해하자면 아파트를 사고팔 때 등록하는 등기권리증과 비슷한 것이다. 암호화폐를 만드는 데 할용했던 블록체인 기술을 이용해 복제나 해킹이 불가능한 등록 시스템을 만든 것이다. 메타버스라는 공간은 중앙기관도 없고 등록기관도 존재할 수 없기 때문에 블록체인 기술을 활용하게 된다.[139] 단, NFT에는 창작자가 누구인지, 지적 재산권이 어떻게 정의되는지, 누구에게 소유권이 이전되는지 등의 기록이 남게 된다. 물론

위변조는 불가능하다. NFT가 만들어지자 자신의 작품을 판매하는 디지털 아티스트들이 등장한다. NFT를 활용하면 창작자의 지적 재산권을 등록할 수 있으며 이것은 영원히 남는다.[140)]

최재붕 교수는 "이번 학기 수업에서 '메타버스 무작정 따라하기' 실습을 진행했다. 나도 하는데 학생들이 못할 리 없다고 판단한 것이다. 예상대로 Z세대 학생들의 학습 속도와 구현 능력은 상상을 초월한다. Z세대에게는 슈퍼 사피엔스로 성장할 잠재력이 숨어 있다는 뜻이다. 특히 어려서부터 게임을 좋아하고 컴퓨터로 노는 걸 좋아했던 학생들이 두각을 나타냈다."라고 말했다.[141)] 역사가 입증하듯 스스로 많은 지식을 흡수하고 성취하는 사피엔스에게 더 많은 기회가 찾아온다. 지금 메타버스라는 디지털 신대륙에도 같은 법칙이 작동하고 있다는 것을 명심해야 한다.

8. 인공지능

누구나 인공지능의 도움을 받으며 살 수 있지만 Z세대는 인공지능을 가장 잘 이용할 수 있는 세대다. 그리고 Z세대는 인공지능의 지배를 받지 않도록 스스로 노력해야 하는 세대가 되었다. 2016년 바둑계의 이세돌 9단과 알파고의 대결을 통해서 많은 사람들이 큰 충격을 받았다. 이제는 구글 딥마인드가 제작한 '알파고(AlphaGO)'보다 훨씬 발전된 인공지능을 만날 수 있다. 스마트폰에서 검색하면 인공지능이 그 사람이 최적화된 정보를 제공한다. 우리는 인공지능과 더불어 살고 있다. 앞으로 인공지능이 사람들이 하는 일을 대체할 것이라는 예측을 한다. 이전에는 박사학위를 취득하면 몇 년 동안 배운 지식을 활용할 수 있었다. 그러나 인간의 지식 축적이 인공지능을 앞서지 못한다는 현실 앞에서 좌절감을 느낀다.

이경진 교수(경희대학교)는 인공지능을 바라보는 시선에는 크게 두 가지 관점이 있다고 말했다. "하나는 '사람처럼 생각하는 기계'를 만든다는 관점, 다른 하나는 '합리적으로 행동하는 기계'를 만든다는 관점"이다.[142] 이경진 교수는 '합리적으로 행동하는 기계'를 만든다는 관점에 동의했다. 인공지능을 만든다는 것은, 합리적으로 행동하는 기계, 목표를 최적화하는 기계를 만드는 것이다. 이때 인공지능은 어떤 존재가 아니라 도구에 불과하다. 즉 인공지능은 주어진 목표를 위해 적절히 행동하는 무언가를 만드는 방법론이다. 인공지능이란 지능적 사물, 좀 더 지능적인 인간, 지능적인 환경, 인프라를 만드는 것이다.[143] 이경진 교수는 "비유하자면, 사람 같은 AI는 천동설, 합리적 AI는 지동설이다"라고 말했다. 사람 같은 AI는 태양이 지구를 돈다고 생각하던 옛날식 사고일 뿐, 인공지능이 발전하면 발전할수록 인공지능 시스템은 인간과 닮는 것이 아닌 더 합리적인 AI로 가게 되어 있다.[144]

〈 표13 〉 AI, 머신러닝, 딥러닝의 관계[145]

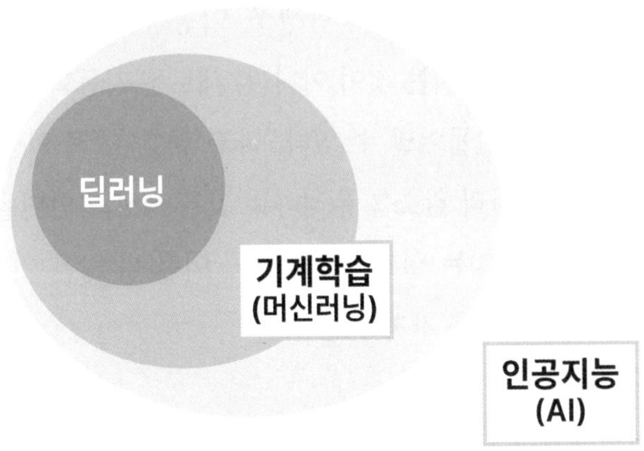

인공지능의 구조를 살펴보자. 인공지능 기법이 가장 큰 범주에 있고, 그 안에 머신러닝 또는 기계학습이라고 불리는 방법론이 있으며, 다시 그 안에 딥러닝이라고 불리는 방법론이 있다.[146]

가치 추구의 목적형 인간이 되자 / 이경진 교수는 '사용자 중심의 인공지능'에 몰두하고 있다. 인공지능은 사용자의 목표를 극대화해주고, 또 사용자는 자신의 가치관을 건전하게 설정하여 이에 맞는 인공지능 서비스를 선택하고 추구해나갈 수 있도록 하는 것이다. 하지만 여기서 잘못된 목표를 설정하면 금세 망가질 수 있다. 인공지능이란 목표를 최적화해서 그 목표를 달성하는 것이다. 인공지능을 효과적으로 활용할 수 있으려면 결국 우리 스스로가 적극적인 목적형 인간이 되어야 한다.[147] 인공지능의 활약이 늘어날수록 인간은 많은 여가를 즐기게 될 가능성이 크다.

새로운 자동화 기술과 일자리의 탄생 / 이경진 교수는 "인공지능의 활약으로 일자리가 없어지는 것이 아니라, 새로운 자동화 기술은 오히려 새로운 일자리를 만들어낼 수 있다."라고 말했다.[148] 인공지능이나 로봇의 등장으로 일자리 감소를 우려하는 것은 세상의 양면을 보지 못하는 것과 같다. 사라지는 일자리의 이면에 어떤 더 많은 기회가 생겨나는지를 볼 수 있는 눈을 가져야 한다.

지금은 가치엔진의 시대 / 1차 산업혁명은 제조, 서비스가 소규모 상점(옷, 구두, 식료품, 자동차 등)의 형태를 띠었다. 2차 산업혁명은 메스미디어에 의한 대량 생산을 가능케 했다. 3차 산업혁명은 마이크로소프트, 아마존, 구글, 페이스북, 알리바바, 텐센트 같은 '가치 네트워크'(value network) 기업, 플랫폼 기업을 등장하게 했다. 두 종류 이상의 고객을 매개해 가치와 수익을 창출하고, 고객이 많을수록 우위를 점하는 '네트워크 효과'가 발생한 시기다. 4차 산업혁명 시대는 '가치 엔진(value engine)'이 활약하는 시대다. 엔진은 다른 에너지를 운동에너지로 변화시키는 기계다. 자동차의 경우 연료를 운동에너지로 변환한다. AI 엔진은 데이터를 연료로 해서 행동을 발생시키는데, 가치 엔진은 이런 AI 엔진을 활용해 가치 있는 서비스를 산출하는 비즈니스 모델이다.[149)]

단 한 번도 경험하지 못한 시대가 오고 있다

1997년 5월 11일, 미국 뉴욕에서 인공지능 딥블루(Deep Blue)가 체스의 신이라 불리던 세계 체스 챔피언 가리 카스파로프에게 승리하는 장면이 TV로 생중계되었다.[150)] 딥 블루는 빌 게이츠, 세르게이 브린과 래리 페이지, 스티브 잡스, 마크 저커버그에게 영향을 주었다. 이 모든 것이 1997년 5월 11일을 기점으로 시작됐다.[151)] 1997년 딥 블루와 2011년 왓슨은 인간이 입력해준 방대한 자료를 학습해서 인간을 이겼다. 그런데 2012년 열린 '세계 최대 이미지 인식 경연대회(ILSVRC)'에서 압도적인 성적으로 우승한 인공지능 슈퍼비전(Super Vision)은 달랐다. 슈퍼비전은 스스로 학습하고 추론하고 판단하는 딥러닝 기술을 탑재하고 있었다. 이것은 인공지능이 인간의 지배를 벗어나고 있음을 말해주는 것이다.[152)]

10년 뒤, 당신의 자리는 없다

(인공지능에게 지시를 내리는 사람 vs 지시를 받는 사람)

2013년 대니얼 내들러는 '켄쇼 테크놀로지'라는 인공지능 스타트업을 만들었다. 골드만삭스는 대니얼 내들러의 켄쇼 테크놀로지에 전폭적인 투자를 결정했다. 그리고 얼마 뒤 켄쇼 테크놀로지의 인공지능 켄쇼(見性)가 골드만삭스 뉴욕 본사에 입사했다. 신입사원 켄쇼는 먹지도 마시지도 쉬지도 않았다. 퇴근도 하지 않고 잠도 자지 않고 휴가도 가지 않았다. 그것도 매일 24시간 내내 천재 수준의 집중력을 발휘했다. 그 결과 켄쇼는 당시 월 스트리트에서 가장 많은 연봉을 받던 600명의 트레이더가 한 달 가까이 처리해야 하는 일을 고작 3시간 20분 만에 끝낼 수 있었다. 그것도 600명을 합한 것보다 몇 배는 일을 더 잘해서 회사에 막대한 이익을 안겨주었다. 덕분에 598명의 트레이더는 회사에서 할 일이 없어졌다. 598명은 짐을 싸서 집으로 돌아가는 것 말고는 할 일이 없어졌다. 남은 두 명은 일을 잘해서가 아니라, 인공지능의 업무를 보조할 인력으로 남는다고 한다. 두 명은 인공지능의 지시를 받는 처지로 전락하는 것이다. 2015년 골드만삭스는 "우리는 더 이상 금융투자 기업이 아니라, 인공지능 기업이다"라고 선언했다.[153] 앞으로 인공지능이 의사, 약사, 판검사, 변호사, 세무사, 회계사, 교사, 공무원, 기업 임직원 등을 본격적으로 대체하기 시작하면 어떻게 될까?[154]

프레카리아트, 한국인 99.997%의 미래 / 이지성 작가는 "2090년 한국 사회는 인공지능 로봇이 대부분 직업을 대체한 결과 한국인의

99.997%가 프레카리아트(Precariat)가 된다. 프레카리아트는 '불안정한'이라는 뜻의 이탈리어 프레카리오와 '노동 계급'이라는 프롤레타리아트의 합성어다."라는 주장을 했다.[155]

인공지능에게 대체되지 않는 나를 만드는 법 8가지

이지성 작가는 '인공지능(AI)에게 대체되지 않는 나를 만드는 법 8가지'를 다음과 같이 소개했다. 이지성 작가가 제시한 여덟 가지 항목은 또한 Z세대가 삶을 사는 데 큰 도움이 될 것으로 기대한다.

1. 디지털을 차단하라.
2. 나만의 '평생유치원'을 설립하라.
3. '노잉'을 버려라, '비잉'하고 '두잉'하라.
4. 생각의 전환, '디자인 씽킹'하라.
5. 인간 고유의 능력을 일깨우는 무기, 철학하라.
6. 바라보고, 나누고, 융합하라.
7. 문화인류학적 여행을 경험하라.
8. '나'에서 '너'로, '우리'를 보라.

1. 디지털을 차단하라

실리콘밸리의 유명 사립학교 '페닌슐라'는 한 대의 IT 기기도 없다. 심지어 '페닌슐라'의 학생들은 인터넷 사용법도 몰랐다고 한다. 대신 이 학교에서 교사는 칠판 앞에서 분필을 들고 가르치고, 아이들은 종이책과 노트로 공부를 한다. 이 학교의 입학처장 베치 앤더슨은 “아이들에게 자기 내면의 힘을 조절할 줄 아는 능력을 길러주기 위해서다. 스마트폰을 할 시간에 다른 아이들과 놀고 대화하면서 타인들과 공감하고 조화를 이루는 능력을 길러주기 위해서다.”라고 말했다. 학부모 크리스 브루어는 “디지털 기기가 전혀 없는 이 학교는 아이들의 내면에 있는 예술성을 키워줄 수 있다. 그것은 창조적 상상력으로 연결된다.”라고 말했다.[156]

실리콘밸리의 상징이라고 할 수 있는 고 스티브 잡스는 자녀들에게 아이폰과 아이패드 같은 IT 기기를 전혀 주지 않았다. 실리콘밸리의 제왕이라 불리는 빌 게이츠는 자녀들에게 IT 기기 금지 기간을 정해두었는데, 무려 14년이었다. 트위터와 블로그의 공동창업자 에번 윌리엄스는 집에 IT 기기가 아예 없다. 대신 책으로 가득한, 거대한 서재가 있다.[157]

실리콘밸리의 부모들과 사립학교가 아이들에게 평생 IT 기기를 금지하는 것은 아니다. 빠르면 중학교 1학년, 늦어도 고등학교 1학년 무렵이면 허락한다. 그런데 IT 기기를 그냥 주는 게 아니다. 다음 세 가지 과정을 밟게 해서 IT 개념과 IT 기기의 작동 원리를 깨우치게 하고 IT 문화를 통찰하게 한다. 그리고 기존 IT(개념,기기,문화)에 혁신을 일으키거나 새로운 IT를 창조할 수 있는 기초적인 능력을 기르게 한다. 첫째, 철학적, 수학적 관점에서 IT 기기를 보게 한다. 둘째, 컴퓨터나 스마트폰 등을 분해해서 IT 기기의 작동 원리를 탐구하고 이해하게 한다. 셋째, IT 기기를 사용해서 SNS 등에 자신의 흔적을 남기는 행위 등이 자신의 미래와 타인들과의 관계와 사회에 어떤 영향을 미칠지 등에 대해 깊이 사색하게 하고, 이를 글로 쓰고 발표하고, 토론하게 한다.158)

2. 나만의 '평생유치원'을 설립하라

구글의 공동창업자 래리 페이지는 자신의 공감 능력과 창조적 상상력이 몬테소리 스쿨에서 비롯되었다고 말했다. 구글의 공동창업자 세르게이 브린도 동일한 고백을 했다. "뭐라고? 몬테소리라고? 길을 가면 한 번쯤은 마주치게 되는 그 유치원이라고?" 야후의 최고경영자 머리사 메이어는 "만일 당신이 몬테소리 교육에 대해 모른다면 구글을 절대로 이해할 수 없다."라고 말했다. 구글의 두 창업자뿐만 아니라, 빌 게이츠, 스티브 잡스, 제프 베이조스, 빌 클린턴, 버락 오바마 같은 인물도 자신의 공감 능력과 창조적 상상력은 몬테소리 유치원에서 비롯되었다고 밝혔다.159)

몬테소리 교육의 창시자 마리아 몬테소리 교육 철학의 핵심인 '자유', '몰입', '성취' 등의 가치를 내면화하고 실천하는 아이가 창조적 인재가 된다. 자신이 공부하고픈 주제를 자유롭게 선택하고, 스스로 정한 주제를 공부하다 보면 누구나 신나게 집중하고 즐겁게 몰입하게 된다. 집중과 몰입은 성취로 이어진다. 이 과정을 통해 '자신의 잠재력을 깨닫는 기쁨', '친구들과 어른들의 칭찬과 격려를 받는 기쁨'을 얻게 되고, '새로운 공부 주제를 정하고 여기에 더 깊이 집중하고 몰입하고픈 욕구'로 이어진다.160)

미첼 레스닉은 ≪미첼 레스닉의 평생 유치원(Lifelong Kindergarten)≫에서 유치원 아이들의 놀이, 학습 방식은 '상상-창작-놀이-공유-생각'을 반복하는 것이라고 밝혔다.[161] MIT 미디어랩의 창의, 소통, 교육 프로그램인 '평생유치원'의 교육 철학은 마리아 몬테소리의 교육 철학과 상당 부분 일치한다.[162]

3. '노잉'을 버려라, '비잉'하고 '두잉'하라

하버드 경영대학원은 최근 설립 100년 만에 처음으로 교육 개혁을 단행했다. 핵심은 노잉(Knowing) 위주의 교육을 비잉(Being) 및 두잉(Doing) 위주로 바꾸는 것이었다.[163] 그리고 하버드, 스탠퍼드, 듀크대 등 세계 최고의 의대들이 강의를 폐지하고 '플립러닝'(Flipped Learning)을 도입했다. 기존 강의식 교육은 공감 능력을 길러줄 수 없지만 플립러닝의 토론식 교육은 그것이 가능하기 때문이다. 이런 이유로 이 의대들은 인공지능의 주인이 되는 인간 의사를 배출하고자 플립러닝을 도입했다.[164]

인공지능은 결국 인간을 흉내 낸 것에 불과하다. 인공지능은 인간 중에서도 천재를 흉내 내고자 한다. 하지만 천재의 지적 능력 정도나 흉내 낼 수 있을 뿐 창조적 능력은 흉내조차 낼 수 없다. 인공지능 시대에도 인간 천재는 계속 나타날 것이다. 그들은 새로운 인공지능을 상상하고, 창조할 것이다.[165]

4. 생각의 전환, '디자인 씽킹'하라

더그 디츠는 MRI(자기공명영상장치)를 개발한 사람이다. 그는 "어떻게 하면 어린이들이 마취 주사를 맞지 않고 MRI 검사를 받게 할 수 있을까"를 놓고 고민하기 시작했다. 그러던 어느 날 스탠퍼드대 D(Design)스쿨을 알게 되고, 그곳에 등록해서 일주일 동안 '디자인 씽킹'을 배우게 되었다. 그후 그는 회사에 출근하는 대신 어린이집을 향했다. 그리고 그곳 어린이들과 대화했다. 한편 그는 유아 심리학자, 유치원 교사, 소아과 의사들과 만나서 깊이 배웠다. 그리고 그는 "어떻게 하면 어린이들이 마취 주사를 맞지 않고 MRI 검사를 받을 수 있을까?"라는 질문을 "어떻게 하면 어린이들이 MRI 기계를 친근하게 느낄 수 있을까? 신나고 즐거운 얼굴로 MRI 검사기 안으로 들어가게 할 수 있을까?"로 질문을 바꾸었다. 그리고 스탠퍼드대 D스쿨의 '디자인 씽킹' 3~5단계를 적용, 문제를 해결했다.

더그 디츠의 비결은 두 가지였다. 첫째, MRI 검사기를 어린이들이 좋아하는 우주선, 해적선으로 디자인했다. 둘째, 촬영 기사들에게 '우주선을 타고 떠나는 신나는 모험' 등의 대본을 나눠주고 어린이들에게 읽어주게 했다. 그러자 어린이들이 MRI 검사기 안으로 들어가는 것을 우주선에 탑승하는 것으로, MRI 검사기 속에 누워 있는 시간을 우주선 안에 누워서 우주를 여행하는 시간으로 받아 들였다.[166]

4차 산업혁명의 요람, 스탠퍼드대 D스쿨 / 스탠퍼드대 D스쿨의 핵심은 디지인 씽킹, 즉 생각을 디자인하는 것이다. 기존 사고를 인간 중심의 사고로 새롭게 디자인해서 인간의 삶에 영향을 미치는 거의 모든 것에 혁신을 일으키는 것이다.[167] D스쿨의 디자인 씽킹은 인공지능이 절대 가질 수 없는 인간 고유의 능력인 공감 능력과 창조적 상상력을 가장 잘 이끌어낼 수 있는 무엇이었다. 스탠퍼드대 D스쿨의 디자인 씽킹은 다음 5단계로 구성되어 있다.

1단계 **공감하기** (Empathize)
2단계 **문제를 새롭게 정의하기** (Define)
3단계 **문제 해결을 위한 아이디어 내기** (Ideate)
4단계 **시제품 만들기** (Prototype)
5단계 **시험하고 검증하기** (Test)[168]

5. 인간 고유의 능력을 일깨우는 무기, 철학하라

월스트리트의 전설적인 투자자 빌 밀러가 존스홉킨스대 철학과에 7,500만 달러, 그러니까 875억 원을 기부했다. 그는 "나는 존스홉킨스대에서 철학 박사 과정을 밟고 투자 세계에 입문했다…. 나는 박사 과정 시절 체계적으로 배운 철학적 사고법을 투자에 적용해서 기록적인 수익을 올릴 수 있었다. 지금 월스트리트의 주류는 인공지능이다. 하지만 나는 여전히 철학에 기초한 인간의 투자를 옹호한다"라고 말했다.

빌 밀러는 인공지능을 비서같이 거느리면서 최고의 실적을 올리고 있다. 그 비결은 인간만이 할 수 있는 '철학'에 있다.[169)]

피터 틸은 2004년 빅데이터 분석 기업 팰런티어(Palantir)를 창업했다. 필런티어의 CEO는 앨릭스 카프다. 피터 틸은 "앨릭스 카프에게는 철학하는 능력이 있다."라고 말했다. 그렇기 때문에 피터 틸이 아닌 앨릭스 카프가 CEO를 맡고 있는 것이다. 앨릭스 카프는 위르겐 하버마스 밑에서 철학을 배웠다.[170)] 실리콘밸리의 기업가들은 철학(인문학)을 자신의 사업과 IT 기술에 직접적으로 적용하고 있다. 실리콘밸리 기업가들은 지금 눈앞에서 살아 움직이는 지식, 즉 기업 경영, IT, 인공지능 등에 관해 탁월한 지식을 갖춘 철학자에게 경영 자문을 구한다.[171)]

'싱귤래리티대학교', 하버드, 스탠퍼드, 예일 같은 세계 최고의 명문대학들, 실리콘벨리의 사립학교들, 일론 머스크가 세운 사립학교 '에드 아스트라', 150년 만에 교육 개혁을 단행한 일본의 국공립학교들의 교육 과정의 초점이 '철학하는 인간을 길러내는 것'에 맞춰져 있다.[172)] 철학은 인간 고유의 능력인 공감 능력과 창조적 상상력을 일깨우는 최고의 도구다.

철학적 사고능력은 티리비움(Trivium)을 통해서 기를 수 있다. 트리비움은 '셋'을 뜻하는 라티어 'tri'와 '길'을 뜻하는 라틴어 'vium'의 합성어로 철학(인문학)을 하는 세 가지 길, 즉 문법학, 논리학, 수사학을 의미한다. '문법학'은 철학서를 읽고 내용을 이해하는 것, '논리학'은 철학서에서 터득한 철학자의 사고법을 도구 삼아 내 생각을 하는 것, 즉 내 논리를 만드는 것, '수사학'은 내 생각을 글로 쓰고 나누는 것, 즉 다른 사람들의 공감을 얻는 것이다.[173] 트리비움의 수사학을 실천하면 다음 네 가지 능력을 가르게 된다.

1. 깊게 생각하는 능력.
2. 생각(논리)을 정밀하게 다듬는 능력.
3. 생각(논리)을 알기 쉽게 표현하는 능력.
4. 다른 사람들과 공감하는 능력.

첫 번째와 두 번째는 창조적 상상력을 길러주고, 세 번째와 네 번째는 공감 능력을 길러 준다. 즉 트리비움의 수사학을 하는 것만으로도 인공지능이 절대 가질 수 없는 인간 고유의 능력을 기를 수 있다.[174]

6. 바라보고, 나누고, 융합하라

미국 컬럼비아 의대는 미래에 의사가 갖춰야 할 필수적인 능력이 환자의 심적, 육체적 두려움과 고통에 공감하고 환자와 질병을 창의적으로 대하는 것이라고 보고, 이를 잘 키워줄 수 있도록 소설 창작을 의과대학에서 가르친다. 실리콘밸리는 지금 철학, 문학의 전성시대를 맞이하고 있다.[175]

예일대학교 의과대학에서 최고로 꼽히는 수업이 있는데, 바로 '미술수업'이다. 의대생들은 교수와 함께 미술관으로 가서 미술 작품을 정밀하게 관찰한 뒤 다른 학생들과 나눈다. 예일대 의대의 미술관 수업은 문학 수업과 비슷하다. 예일대 의대가 이런 수업을 하는 이유는, 미

술관 수업을 병행함으로 환자와 창의적으로 공감하고 소통하는 의사가 되라는 메시지가 담겨 있다.[176]

7. 문화인류학적 여행을 경험하라

2014년 개교한 미네르바 스쿨은 하버드, 예일, 스탠퍼드보다 들어가기 어려운 대학으로 유명하다. 이 학교의 교육과정은 인공지능 시대의 리더를 기르는 데 맞춰져 있다. 미네르바 스쿨의 모든 것이 4차 산업혁명 시대를 향해 있다.[177] 미네르바 스쿨의 기숙사는 한국(서울), 미국(샌프란시스코), 영국(런던), 독일(베를린), 대만(타이베이), 아르헨티나(부에노스아이레스), 인도(하이데라바드)에 있다. 학생들은 4년 동안 이 도시들에서 거주하면서 현지 문화와 산업을 배운다. 물론, 인문학, 과학, 인공지능 등도 배운다. 교육 방식은 하버드 의대가 도입한 플립러닝이다. 미네르바 스쿨이 학생들로 하여금 4년 동안 문화인류학적 여행을 하게 하는 이유는, 문화인류학적 여행을 하다 보면 자신도 모르게 서로 다른 문화를 가진 사람들을 연결하는 능력을 갖게 되고, 이 문화 연결 능력이 인공지능은 절대 가질 수 없는 인간 고유의 능력인 공감 능력과 창조적 상상력을 크게 길러줄 수 있기 때문이다.[178]

8. '나'에서 '너'로, '우리'를 보라

인공지능 교육 프로젝트를 진행 중인 미국, 영국, 독일, 호주, 핀란드 등의 교육과정을 보면 거기에 봉사가 있다. 미국의 최고 사립학교인 필립스 액서터 아카데미는 학생이 학교에 나오는 대신 빈민촌 등에서 봉사 활동을 하면 그 기간만큼 학업 이수를 한 것으로 인정해주고 있다. 설령 그 기간이 1년이 넘더라도 말이다. 인류 사회의 가장 낮은 곳에서 고통받으면서 살고 있는 누군가를 조건 없이 섬기는 것은 오직 인간만이 할 수 있는 고귀하고 숭고한 일이다.[179] 인공지능 시대에 기부와 봉사가 중요한 것은, 기부와 봉사는 인간의 윤리, 도덕 문제와 깊은 관련이 있다. 인공지능 시대에 '인권'은 윤리, 도덕 문제의 핵심이다.[180]

우리는 무엇을 해야 하는가?

사람이 아무리 많이 배워도 인공지능을 따라갈 수 없다. 아무리 빨리 배워도 인공지능을 따라낼 수 없다. 다음 세대는 인공지능을 이용할 줄도 알아야 하지만 인공지능에 대체되지도 않아야 한다.

교사들은 지금도 아이들에게 뭘 가르쳐야 한다고 생각한다. 플립러닝에 익숙해진 세대에게 꼰대처럼 뭘 가르치려고 든다. 아이들이 잘 들을까? 인공지능이 날로 발전해 가는데 어떻게 대처해야 할까?

지금도 우리가 해야 할 일이 있다. 첫째, 더욱 깊이 묵상해야 한다. 생각하는 훈련을 해야 한다. 둘째, 인문학(문학, 역사, 철학 등) 독서를 더 많이 해야 한다. 셋째, 더 깊은 사고의 훈련을 해야 한다. 이렇게 하면 근본적인 문제가 해결될 수 있을까? 시대는 계속 발전할 것이다. 우리는 그 안에서 뒤쳐지지 않도록 노력해야 한다. 우리는 변하는 시대에, 변화에 빨리 적응해가는 사람들과 함께 살아가야 한다. 변하는 자들보다 더 빠르고 지혜롭게 살아가야 한다.[181]

9. 딥러닝

딥러닝은 사람처럼 스스로 보고 배운 지식을 계속 쌓아가면서 공부하는 컴퓨터 인공지능 학습법이다. 딥러닝은 머신러닝 기법의 일종이고, 머신러닝은 인공지능 기법의 일종이다. 이 세 가지가 잘 어우러져야 제대로 된 인공지능 시스템이 만들어진다.[182] 이세돌 9단을 이긴 바둑 인공지능 알파고도 CNN(Convolutional Neural Network)이라는 딥러닝 방법론에 강화학습형 기계학습 방법론이 합쳐지고, 몬테카를로 트리 탐색(의사 결정을 위한 경험적 탐색 알고리듬, 주로 게임에 적용된다)이라는 기존의 인공지능 방법론이 합쳐져서 탄생한 것이다.[183]

기계는 어떻게 학습하는가? / 기계가 세계에 대해 경험(관찰)하면 할수록 성과가 향상될 경우 그 기계는 '학습'한다고 말할 수 있다. 딥러닝(인공신경망)에 대해 알아보자. 중고등학교 때 배운 신경망 구조를 생각해 보라. 뉴런에는 핵, 수상돌기, 축색돌기가 있으며 그 사이를 연결하는 것을 시냅스라고 한다. 이를 컴퓨터적으로 이야기하면, 주변의 뉴런과 모두 연결된 하나의 뉴런에 입력이 들어왔을 때 이를 모두 더해서 어떤 값보다 크면 소리가 나고, 그렇지 않으면 소리가 안 나는 것이다. 인간(동물)의 신경망 작동에서 영감을 받아 단순화하고 재창조한 인공신경망 구조로 논리적 추론이 가능하고 자동적으로 학습하는 것이 가능하다는 것을 발견해나가고 있는 과정이 요즘 우리가 말하는 딥러닝이다.[184)]

미래 문명은 인공지능이다. 그러나 인공지능은 한순간에 등장한 것이 아닙니다. 첫째, 인공지능의 역사는 1842년까지 올라간다. 이해에 스물일곱 살의 영국 여성 에이다 러브레이스(Ada Lovelace)가 ≪찰스 배비지의 해석기관에 대한 분석≫이라는 책에서 인공지능의 가능성을 최초로 언급했다. 둘째, 인공지능에 관한 논의와 연구는 1943년부터 시작됐다. 이해에 MIT 교수 워런 매컬리(Warren McCulloch)와 논리학자 월터 피츠(Walter Pitts)가 인공지능 연구의 기초를 다졌다. 셋째, 컴퓨터 산업을 창조하고 이끌어온 IBM·마이크로소프트·애플·구글·페이스북의 공통점은 인공지능에 미래를 걸고 있다는 것이다.[185)]

애플의 스티브 잡스는 세상을 떠나기 전에 인공지능 회사 시리(Siri)를 인수했다. 이후 애플은 본격적으로 인공지능 분야에 진출했다. 애플의 공동 창업자 스티브워즈나이는 "미래는 인공지능의 시대가 될 것이다"라고 말했다. 페이스북은 2013년 인공지능 연구소를 세웠다. 이 연구소는 뉴스피드에 인공지능을 탑재하는 것을 시작으로, 페이스북을 인공지능화하는 것을 목표로 하고 있다. 넷째, 인공지능은 이미 오래전부터 우주·항공·로봇·선박·자동차·전기·건설·의료·통신·교육·에너지·환경·교통·가전 등 거의 모든 산업 분야에서 활용되고 있다. 다섯째, 인공지능은 미래 인류 산업의 주축으로 성장하고 있다.[186)] 이지성 작가는 ≪에이트 씽크≫에서 인공지능의 딥러닝에게 지지 않는 법에 대해서 말했다.

인공지능의 딥러닝을 이기는 법 10가지

1. 마음이 향하는 곳은 어디인가, 입지(立志)하라

'입지(立志)하라'는 뜻을 세우라는 것으로, 사색의 목적을 가지라는 의미다. 동양의 천재들은 자신의 본성을 회복하고 사물의 이치를 깨달아 성인군자가 되는 것을 사색의 목적으로 삼았다. 서양의 천재들은 철학적 탐구를 통해 진리를 발견하고, 진리를 실천하는 삶을 사는 사람, 즉 소크라테스 같은 위인이 되는 것을 사색의 목적으로 삼았다.[187] 서양의 입지는 샤를 드골의 유명한 말인 "위대해지려고 각오한 사람만이 위인이 될 수 있다"로 요약될 수 있다. 서양 입지의 방법론은 "위인처럼 생각하고 행동하라"다.[188]

2. 나를 완벽하게 변화시키는 황홀한 깨달음, 거경궁리(居敬窮理) 하라

거경궁리란 사람과 사물을 지극히 공손하고 경건한 마음으로 대하는 상태인 경(敬)에 거(居)하면서 궁리, 즉 사색하는 것이다. 동양의 인문학 천재들은 인문고전은 사색을 위해서 읽는 것이라고 단언했다. 그리고 사색은 나를 변화시키는 황홀한 깨달음으로 연결돼야 한다고 했다.[189] 동양의 인문학 천재들은 사색을 진짜 사색과 가짜 사색으로 나누었다. 서양의 인문학 천재들이 'Think'를 두뇌의 단순한 작용인 'Think'와 문명을 창조하고 개선하는 의미의 'Think'로 구분하였다. 나를 완벽하게 변화시키는 황홀한 깨달음을 불러오는 사색법이 거경궁리다.[190]

3. 아이비리그 학자들과 세계적 경영학자들의 혁신법, 격물치지(格物致知) 하라

〈대학연의(大學衍義)〉는 세종대왕이 100번 넘게 읽은 인문고전이다. 그리고 왕위에 올라 처음으로 연 경연에서 교재로 선택한 책이다. 〈대학연의보(大學衍義補)〉는 〈대학연의〉를 보충해 주석을 단 책이다. 〈대학연의〉는 총 43권 12책으로 편찬됐는데 이 중 절반 가까이가 '격물치지'에 관한 것이다. 격물치지는 동양의 인문학 천재들이 거경궁리와 함께 사색공부법의 핵심으로 삼은 것으로, 사물의 이치를 끝까지 파고들어 완전한 앎에 이른다는 의미다.[191] 즉 격물치지를 서양의 언어로 번역하면 '우주와 만물의 원리를 이성적으로 사고하고 과학적으로 탐구하여 진리를 발견한다'가 된다.[192]

격물치지의 핵심은 사물의 이치를 끝까지 파고드는 것이다. 여기에 세 가지 방법은 이것이다. 첫째, 인문고전에 나오는 글자의 이치를 파고든다. 둘째, 역사 고전 독서를 통해 흥망성쇠의 이치를 파고든다. 셋째, 실제로 우주와 사람과 만물의 이치를 파고드는 것이다.[193] 노벨상을 수상한 과학자들과 생리·의학자들과 경제학자들의 사색 및 연구 방법, 하버드·예일 등 아이비리그 학자들의 사색 및 공부 방법이 바로 격물치지이기 때문이다.

4. 소크라테스처럼, 마크 저커버그처럼 무아지경으로 사색하라

플라톤이 아리스토데모스와 알키비아데스의 입을 통해 들려주는 소크라테스의 사색법을 정리하자면 다음과 같다. 첫째, 사색을 삶의 최우선 순위에 두어라. 둘째, 육체의 한계를 초월해 사색하라. 소크라테스의 사색은 육체의 한계를 초월한, 아니 자신의 모든 영혼과 감각을 사색에 쏟아부은 나머지의 육체의 존재를 느낄 여지조차 없는 것이다. 셋째, 사람들의 시선이나 평가를 초월한다. 넷째, 해답을 얻을 때까지 사색하라. 소크라테스식 사색법은 놀랍게도 IBM, 마이크로소프트, 애플, 페이스북의 창업자에게서도 공통적으로 발견된다. IBM의 창업자 토머스 J. 왓슨은 IBM을 경영하는 일보다 사색하는 일을 더 중요하게 여겼고, 한번 사색을 시작하면 해답을 얻을 때까지 그만두는 일이 없었다.[194)]

5. 망가진 두뇌를 복구하는 과정, 원어로 읽어라

인문고전을 왜 원전을 읽어야 하는지 이유를 밝히면 다음과 같다. 첫째, 동서양 합 5000년 동안 인문고전 독서는 원전 읽기가 원칙이었다. 둘째, 인문고전 저자 중에 번역서를 읽고 깨달음을 얻었다고 한 사람은 없다. 셋째, 제아무리 훌륭한 번역자라 할지라도 원전에 담긴 인문고전 저자의 영혼까지 번역할 수 없다. 넷째, 우리나라에는 중역본과 축약본이 아주 많다. 다섯째, 우리나라 번역서에는 잘못된 번역이 너무 많다. 여섯째, 우리나라의 '정(精)[195)]' 처럼 번역 불가능한 단어들이 많다.[196)]

우리가 인문고전을 원전으로 읽어야 할 이유가 있다. 그것은 원어로 사색하기 위해서다. 원어로 사색할 때 주의점이 있다. 그것은 인문고전 저자의 관점에서 사색하는 것이다.[197)] 원어는 인문고전을 쓴 천재들이 사색하고, 대화하고, 토론하고, 강의하고, 집필할 때 사용한 바로 그 언어다. 원어를 통해 위대한 천재들의 세계로 나아가라. 원어는 천재들의

영혼과 직접 만날 수 있는 유일한 언어다.[198]

6. 인문고전의 반열에 오른 해설서부터 시작하라

인문고전의 반열에 오른 해설서들은 천재들이 인문고전을 읽고 남긴 사색노트나 마찬가지다. 그리고 사색노트는 사색의 바다라는 망망대해를 떠도는 우리에게 튼튼한 나침반이 되어줄 수 있다. 그러면 언젠가 당신의 두뇌 속에 천재들이 사색의 바다를 항해할 때 사용한 바로 그 나침반이 생길 것이다. 바로 그때가 당신의 두뇌에 거대한 혁명이 일어나는 순간이다. 당신이 평범한 한 사람에서 시대를 깨우는 현인(賢人)으로 변화되는 순간이다.[199]

7. 1만 번의 각오, 평생 읽을 단 한 권을 정하라

예부터 인문고전은 1만 번 이상 읽어야 비로소 그 의미를 완전하게 깨달을 수 있다고 했다. 그렇다면 '1만 번'을 '평생'으로 이해하면 어떨까. 이는 누구에게나 가능한 일이다. 그러니 앞으로 평생 읽고 사색할 한 권의 인문고전을 정하라. 그리고 그 책을 집필한 천재와 위대한 정신적 교류를 시작하라.[200]

8. 천재들의 생각법을 배우는 가장 간단한 방법, 목차로 지도를 그려라

이지성 작가는 "천재들의 생각하는 법을 배울 수 있는 가장 간단한 방법은 인문고전의 목차로 사색하는 것"이라고 말한다.[201] 저자의 사색이 물질의 형태로 구체화되어 나타난 것을 가리켜 책이라고 한다. 그런데 책의 뿌리는 목차에 있다. 이는 곧 저자의 사색의 뿌리가 목차라는 의미다. 우리가 인문고전을 읽는 가장 중요한 이유 중 하나는 천재처럼 생각하기 위해서다. 오늘부터 '인문고전의 목차로 사색하기'를 실천해보라. 당신의 사색 능력이 비약적으로 향상될 것이다.[202]

9. 연표를 통해 '나무'가 아닌 '숲'을 보라

'연표로 사색하라'는 동양 역사 공부의 핵심이었다. 이는 서양도 마찬가지다. '트리비움'은 서양의 대표적인 인문학 공부법으로 2500년의 역사를 가지고 있다. 인문학 교사는 연표를 중심으로 각 시대의 왕들이 일으킨 전쟁들과 그 전쟁들이 바꾼 역사를 가르쳤다. 동서양 합 5000년 역사 공부법은 본질적으로 같다. 우리나라에서 연표로 사색하는 역사공부법이 사라진 것은 일제강점기 때다. 일제는 우리가 생각할 줄 모르는 바보가 되기를 원했다. 그래서 일제는 우리 교육과정에서 인문학을 없애버렸다.[203] 이지성 작가는 인문고전 독서교육 자원봉사자를 교육할 때 반드시 연표를 중심으로 역사를 가르친다. 무엇보다 먼저 교사들로 하여금 하나의 큰 주제를 정하게 한 뒤, 여기에 대해 약 한 달 동안 자유롭게 사색하게 한다. 그리고 교사교육 시간에 한두 시간 정도 그 사색을 함께 나누게 한다. 이어서 서너 시간에 걸쳐 역사고전 강의를 진행하고, 한두 시간 동안 조별 토론과 발표 시간을 갖게 한다. 이렇게 할 때 교사들은 "이제 비로소 역사를 전체적인 관점에서 볼 수 있게 됐다."라고 말한다.[204] 천재들은 한목소리로 말한다. 바로 이런 식으로 역사를 공부할 때 생각이 깊어지고 지식이 향상되며 학문이 진보한다고. 그러니 이제부터 연표로 사색하라.[205]

10. 그랜드투어와 서번트투어를 떠나라

이지성 작가는 두 종류의 여행이 있다고 말한다. 자기를 충전하는 여행과 자기를 향상시키는 여행. 전자는 우리가 익히 알고 있는 여행이다. 후자는 우리에게 생소한 여행으로, 인문고전 저자의 발자취를 따라가거나 그 무대를 탐사하면서 인문학적 지식과 지혜를 쌓는 것을 목적으로 한다. 이 여행의 기원은 고대까지 거슬러 올라가는데, 플라톤은 스물여덟 살에 아테네를 떠나 메가라(Μέγαρα), 이집트, 이탈리아 등지를 여행하면서 여러 철학 학파와 교류했다. 사마천은 스무 살에 고향을 떠나 3년 가까이 중국 전역을 여행하면서 역사의 무대를 샅샅이 탐구했다. 이후 이 여행은 동서양의 인문학 천재들에게 드문드문 전수되어오다가 17세기에 이르러 영국의 귀족 가문들에 의해 '그랜드투어(Grand Tour)'로 재탄생했다. 그들은 인류 역사의 모든 귀족 계급이 찾은 답과 같이, 바로 인문학 교육이었다. 영국 귀족 계급은 어릴 적부터 가정교사를 고용해서 그리스어와 라틴어를 가르쳤고, 인문고전을 원전으로 읽게 했다. 그리고 그들은 자녀들을 서양 인문학의 본산지인 그리스, 로마 등지로 보냈다. 그리고 그곳에 수년씩 머물면서 그동안 책과 강의를 통해서 접했던 인문학을 온몸으로 배우고 느끼고 깨닫게 했다. 그들은 이 인문 여행 프로그램을 '그랜드투어'라 칭했다.[206]

'서번트 투어(Servant Tour)'는 낮은 자리에 있는 사람들을 섬기는 여행이다. 당신도 일생에 한 번쯤은 그랜드투어를 떠나기 바란다. 괴테처럼 정신적으로 새롭게 태어나게 되기를 원한다. 또 당신이 일생에 한 번쯤은 서번트투어도 떠나기 바란다. 영혼의 위대한 성장을 경험하기를 원한다. 삶은 여행이다.[207]

10. Z세대는 누구인가?

Z세대는 '미지의 세대'다. '지피지기 백전불태(知彼知己 百戰不殆)' 손자병법 모공편에 나오는 말로 "자신과 상대방의 상황에 대하여 잘 알고 있으면 백번 싸워도 위태로울 것이 없다"라는 뜻이다. Z세대를 연구함으로 그들을 이해하고 그들과 더불어 살아갈 지혜를 발견하게 된다. 또한 Z세대를 이해함으로 그들을 진정으로 도와줄 수 있다.[208)]

연구, 컨설팅, 기조연설을 위해 설립된 회사 CGK(Center for Generation Kentics, 세대동역학연구소)는 미국과 세계 여러나라에서 65회 이상의 양적 연구와 질적 연구를 진행했다. 이 연구들은 북미, 서유럽, 인도, 필리핀, 호주의 Z세대 구성원들을 대상으로 진행됐다.[209)] CGK는 Z세대를 더 심도 깊게 관찰해 그들의 시각, 행동, 신념, 동기, 공포, 꿈 뒤에 있는 '이유'에 해당하는 심리를 파악하고자, 최근 4년간 해마다 'Z세대 현황 조사'를 실시했다. Z세대와 다른 세대의 비교 연구를 수십 차례 진행한 끝에 발견한 가장 두드러진 특징은 Z세대의 기대수준이 너무도 다르다는 점이다.[210)] 그들은 완전한 디지털 생활을 영위하는 첫 세대다. Z세대는 어릴 적부터 언제나 사용 가능했던 정보통신기술을 사용해 도시, 대륙, 지리적 경계를 넘어 세상과 연결된다. Z세대는 학자금 대출, 총기 규제, 평등, 기후변화 같은 사회 이슈들에 적극적으로 목소리를 낸다. 그리고 디지털 미디어의 대중화 덕분에, Z세대는 글로벌 브랜드를 순식간에 흥하게(또는 망하게) 하고, 활동가가 되고, 기업들의 비즈니스 방식에 영향을 미칠 힘을 갖게 됐다. 단 하나의 트윗, 게시물, 스마트폰 영상을 디지털 미디어에 올리는 것만으로 그런 영향력을 갖게 됐다.[211]

Z세대

1996년 이후 출생한 Z세대는 기술, 정보, 세계에 일상에 대한 완전한 새로운 기준을 제시하는 세대다.[212] Z세대는 어릴 적부터 늘 온라인에 접속해 온라인으로 학습할 수 있었다. Z세대는 가장 중요한 트렌드세터가 될 것이고 이들의 영향력을 날로 증가할 것이다. Z세대는 베이비붐 세대가 노년기로 접어듦에 따라, 베이비붐 세대의 공백을 채울 집단이 될 것이다.[213]

Z세대는 현실에서 만나는 사람들뿐 아니라 인터넷 공간에서 익명의 사람들에게도 영향을 미치기에 갈수록 더 많은 영향력을 행사한다.[214] Z세대는 변화를 이끄는 공적 담론을 만들기 위해 온라인 플랫폼을 활용하는 재능을 가졌다.

〈 표14 〉 세대 구분[215)]

세대명	대략적 출생년도
전통 세대 (침묵의 세대)	1945년 이전
베이비붐 세대	1946~1964년
X세대	1965~1976년
Y세대 (밀레니얼 세대)	1977~1995년
Z세대 (인터넷 세대)	1996~2012년

※ 각 세대가 처음 형성되기 시작하거나 끝날 무렵인 과도기에 태어난 세대는 앞뒤 두 세대의 특징을 모두 띠는 경향이 있다. 이러한 과도기(cusp)에 태어난 사람들을 '커스퍼'(cusper)라고 부른다. 한 세대를 다른 세대와 명확히 구분시키는 사건(이를테면, 미국 Z세대에게 있어 9.11테러)도 있을 수 있다. 하지만 대부분의 경우에는 특정 세대를 규정하는 사건보다는 과도기가 있을 뿐이다. 예를 들어, 1977년부터 1981년 사이에 태어난 미국인들은 자신이 성장한 지역, 누려온 경제수준, 부모의 연령 같은 요소들을 따라 X세대에 속할 수도 있고, 밀레니얼 세대에 속할 수도 있다.

우리는 세대를 '살아오는 과정에서 비슷한 시점에 비슷한 사회적, 기술적, 문화적 사건들을 경험해 시나리오를 따라 예측하기 쉬운, 지리적으로 연결된 일군의 사람들'이라고 정의한다. 다시 말해 세대는 같은 시대에 태어나 같은 장소에 자란 사람들의 집단이다.

각 세대를 구분하는 요소는 타이밍, 지리적 조건 외에도 또 있다. 바로 '세대를 규정하는 사건'이다.[216)] 한 세대의 형성에 지대한 영향을 미친 결정적 사건들을 파악하는 것은 해당 세대의 관점, 우선순위, 가치관, 행동을 이해하기 위해 필요한 작업이다.[217)]

Z세대는 대략 1996년부터 2012년 사이에 태어났다. 1996년 이후에 태어난 미국인들을 Z세대라고 구분하는 이유는 그들이 이전 세대를 가장 강렬하게 규정한 사건인 9.11 테러를 기억하지 못하는 연령 집단이기 때문이다.[218)]

Z세대는 때와 장소에 구애받지 않고 자신의 휴대전화와 태블릿PC를 통해 지구 반대편에서 일어나는 사건들을 실시간으로 지켜본다. Z세대는 이동통신 기술에 전례 없이 의존하는 세대다. Z세대의 31%는 30분만 스마트폰과 떨어져 있어도 불편함을 느낀다. Z세대는 신기술의 접촉, 수용, 보편화, 트렌드 세팅을 선도하는 세대라는 면에서 이전 세대와 비교된다.[219)]

Z세대는 뉴스 보도, 가두 시위, 소셜미디어를 통해 사회적 가치들의 세대 간 충돌을 지켜보며 성장했다.[220)] Z세대는 '신기술로 뭐든 할 수 있는' 세대로 알려져 있지만, 불행하게도 총기 난사 사건으로 다수의 살상자가 발생하는 시대에 성장기를 보낸 세대이기도 하다.[221)]

교육과 학습 / Z세대는 신기술을 학습 도구를 삼지만, 그들이 다양한 디지털 기기들을 사용하는 양상은 이전 세대들과 다르다.[222)] 이전의 어느 세대보다도 정보가 민주화되고 접근이 용이해졌다. 우리가 주목하는 학습 트렌드는 음성검색이다. 요즘 Z세대 어린이들은 음성검색을 애용한다. 키보드로 타자 치는 법을 배우기 전부터 말이다.[223)]

〈 표15 〉 각 세대를 정의하는 사건들[224)]

침묵세대	베이비부머 세대	X세대	밀리니얼세대 (Y세대)	Z세대
1925-1945	1946-1964	1925-1945	1979-1995	1996-2010
대공황 더스트 볼* 2차 세계대전 매카시즘	베트남전쟁 우드스택* 인권운동 케네디 암살사건 워터게이트 우주 탐험	베를린장벽 붕괴 첼린저호 사고 AIDS MTV 이란인질사태 걸프전	9.11테러 콜롬바인고등 학교총기사고 소셜미디어 비디오 게임 Y2K	경기대침체 ISIS 샌디훅 초동 학교 총기사건 동성결혼 합법화 첫 번째 흑인 대통령 당선 포퓰리즘 부상

*더스트 볼(Dust Bowl): 1930년대 미국과 캐나다의 초원지대에서 발생한 극심한 모래폭풍

*우드스탁(Woodstock): 1969년 미국 우드스탁에서 열린 록 페스티벌로 한여름 폭우와 진흙탕 속에서도 수천 명의 관중이 콘서트를 즐겨 미국 역사상 가장 위대한 무대 공연과 관중으로 기억된다.

유튜브, 콘텐츠 제작, 넷플릭스 / Z세대에게 무엇보다 중요한 콘텐츠 소비의 주요 도구는 스마트폰이다. Z세대는 궁금한 점이 있으면 구글에서 검색하는 대신 곧바로 유튜브에서 검색하는 경우가 많다. 18세부터 24세까지 인터넷 사용자 중 96%가 유튜브에 접속한다.[225)] Z세대는 자신이 원할 때 콘텐츠에 접근할 수 있다. 또 Z세대는 콘텐츠 크리에이터이기도 하다.

정신적, 신체적 건강 / Z세대의 형성에 영향을 미친 요소는 신기술의 발전 외에도 정신적, 신체적 건강에 관한 관심을 꼽을 수 있다.

소셜미디어가 Z세대 구성원의 자존감을 낮출 수 있고, 청소년들에게 초조감, 불안감, 스트레스를 안길 수 있다. 교묘한 따돌림의 형태로 특정인을 괴롭히는 모습이 소셜미디어에서는 늘 발견된다. Z세대의 61%가 인터넷상의 평판을 잘 관리하는 방법을 학교에서 가르쳐야 한다고 답했다.[226)]

Z세대는 모든 세대의 중심에 있다 / Z세대가 밀레니얼(≪최강소비권력 Z세대가 온다≫에서 '밀레니엄'이라고 쓰고 있지만, 이하 '밀레니얼'로 고쳐 쓰도록 함) 세대보다는 침묵 세대, 또는 베이비부머세대를 더 닮았다고 말하는 사람들이 있다. Z세대는 9.11 테러 발생 이후의 시대에서 성장하고 있기 때문에 전쟁과 국내외 테러 위협에 더 민감하게 반응한다. Z세대를 가장 잘 수식하는 단어를 '중심, 또는 중추(pivotal)'라고 결론지었다. 모든 세대의 중심에 있다는 의미에서 그렇다.

인종주의를 넘어선 첫 번째 세대 / Z세대를 대표하는 활동가인 그레이스 마스백은 그들 세대가 가진 사회적 의식에 관한 책 ≪Z세대의 목소리≫에서 Z세대가 가진 가치에 대해 열정적으로 피력했다. "우리는 누구나 모두와 친구가 될 수 있는 세상에서 성장했다." Z세대가 보이는 다민족 포용력의 이유를 주류 백인 인구의 지속적인 감소에서 찾을 수 있다. Z세대는 미국의 주류 인구가 백인인 시대를 살고 있는 마지막 세대가 될 것이다.[227)]

〈 표16 〉 밀레니얼 세대와 Z세대의 차이점[228]

밀레니엄 세대	Z세대
두 개의 화면 ○	● 다섯 개의 화면
3D ○	● 4D
집중력 12초 ○	● 집중력 8초
위험 감수 ○	● 위험 회피
대중적 ○	● 개인적
낙관적 ○	● 현실적

Z세대, 현실감 있는 별종 / Z세대와 밀레니얼 세대는 모두 기술에 익숙하다. Z세대는 자신만의 관점과 생각, 니즈(필요 욕구, needs), 브랜드에 대한 기대를 가진 별도의 소비자 그룹이다. 밀레니엄(밀레니얼) 세대는 TV, 휴대폰, 노트북, 데스크탑, 태블릿PC, 게임기 가운데 2개를 동시에 조작할 수 있지만, Z세대는 5개의 스크린을 한꺼번에 오가는 멀티스태킹에 능하다.[229]

Z세대를 행동하게 하는 것들

기술 / 오늘날의 10대(소위 Z세대)는 완전한 포스트 디지털 시대에 태어나고 자란 첫 번째 세대다. 스마트폰과 소셜미디어가 없는 세상을 알지 못하는 그들에게는 이 두 가지 존재하는 세상이 지극히 온당하고 평범하다.

토마스 쿨로풀로스 & 댄 켈드슨는 《Z세대 효과》에서 "밀레니얼 세대는 Z세대라는 진정한 디지털 원주민의 베타 티저(예고편) 버전이다."라고 말했다. '베타 버전'이란, 소프트웨어나 하드웨어 제품을 정식으로 출시하기 전 미처 발견하지 못한 제품의 결점을 찾아낼 목적으로 일반인에게 사전 배포하여 사용해보게 하는 테스트용 제품을 말한다. Z세대에게 어필하려면 기술이 눈에 보여서는 안 된다. Z세대에게 속도의 존재가 느껴지지 않을 정도로 빨라야 한다.[230]

멀티스태킹 / Z세대는 종종 금붕어 같은 집중력을 지녔다는 오명을 쓰곤 한다. 그만큼 산만하다는 것이다. 하지만 사실은 집중력이 부족한 게 아니라 이전 세대에 비해 이들의 뇌가 디지털 환경에 더 빠르게 적응하고 있는 것뿐이다. 10대 청소년을 자녀로 둔 부모에게 물어보면 아이들의 깜짝 놀랄 만한 멀티태스킹 능력에 대해 듣게 될 것이다.[231]

지식 / 이들은 '덕후'라고 불린다 해도 눈 하나 깜빡하지 않을 것이다. 오히려 영광으로 여길 것이다. Z세대는 자신들이 보유한 지식,

직업윤리, 창의력에 자부심을 가지고 있다. 지금 10대(Z세대)는 해당 이슈(심지어 정치 영역까지)에 자기들의 목소리를 내고 싶어 한다.

소셜미디어 / Z세대가 성장할 때, 인스타그램, 핀터레스트, 스냅챗 같은 플랫폼이 급부상했다. (페이스북, 트위터는 선배 취급을 받는다.) 10대(Z세대)에게 소셜미디어가 없는 세상은 존재하지 않는다. Z세대는 선택적으로 공유한다. 소셜미디어를 통해 Z세대에게 다가가려는 브랜드라면 극히 조심스러운 접근법을 취해야 한다.[232] 소셜미디어를 통한 섣부른 마케팅은 금물이다.

조심성 / 불확실성이 도처에 깔린 세상에서 성장한 Z세대는 안전을 간절히 원한다. 〈포브스 Forbes〉에 실린 기사에서 라이언 스콧(Ryon Scott)은 "Z세대는 X세대, 그리고 밀레니얼 세대가 10대였을 때보다 조심성이 훨씬 더 높다. 이들은 리스크가 큰 행동을 회피하며, 직업 선택이나 의사 결정도 합리적으로 내린다. 또한 이전 세대 10대들과 비교했을 때 문제를 일으키는 비율 역시 현저히 낮다"라고 말했다. 그리고 앞서 말한 바와 같이 Z세대는 밀레니얼 세대와는 달리 자신들의 삶을 전 세계에 드러내는 것에는 관심이 없다. 이들이 기록이 영원히 남는 플랫폼보다 스냅챗처럼 콘텐츠 수명이 짧은 소셜미디어를 선호하는 이유도 그 때문이다. 스냅챗은 Z세대가 원하는 지점-안정성-을 아주 잘 공략한 소셜미디어다.[233]

Z세대의 걱정거리

테러와 폭력 / 불행하게도 Z세대는 시도 때도 없는 테러로부터 자유로운 세상에 살아본 적이 없다. 짐작컨대, 전 세계 청소년들이 가장 우려하는 것이 테러와 폭력인 이유도 여기에 있을 것이다. 여론조사 결과, 미국 청소년의 82%가 폭력과 테러가 증가하는 데 대해 심각하게 우려하고 있다. Z세대는 현실적이다. 자기들끼리 공유할 수 있는 진정한 이야기, 자신들의 평범한 일상을 반영한 콘텐츠를 기대한다. 10대들은 손을 뻗으면 닿을 수 없는 이상을 노래하는 콘텐츠를 더 이상 원하지 않는다.[234)]

경제 / Z세대가 겪은 가장 큰 경제사건은 2008년 금융위기다. 미국발 금융위기로 말미암아 전 세계가 대공황 이후 최악의 경제 침체를 겪었다. "불확실성이 가득한 경제 환경과 검소하고 회의적인 X세대 부모 밑에서 자란 Z세대는 특권의식이 적고 돈의 가치를 중시하는 세대로 성장했다." 크리스틴 헤슬러는 "재정적 안정은 Z세대에게 매우 중요한 문제다."라고 말했다. 미국에서 첫 번째 적금계좌를 개설하는 평균연령은 13세다. (이때부터 대학등록금을 모으기 위해서 적금을 시작한다.) Z세대는 '꿈의 직업'을 좇아 열정을 불사르는 밀레니얼 세대와 정반대다.[235)]

Z세대의 신념은 무엇인가?

가족 / Z세대는 부모의 지혜를 신뢰하며 자신들의 관심사를 주저 없이 공유한다. Z세대는 부모와 함께 음악, 영화, TV 쇼를 즐긴다. 시장

조사 기관지 매지드(Magid)가 발표한 〈21세기의 첫 번째 세대〉라는 보고서에서 인용한, 밀레니얼 세대의 부모인 베이비부머 세대와 Z세대의 부모인 X세대 사이의 주요 차이점을 보여준다.

〈 표17 〉 X세대 양육법과 베이비부머세대 양육법의 비교[236]

X세대 부모	베이비부머세대 부모
감시를 통한 보호	참여를 통한 보호
내 아이에게 최선은 무엇인가	자녀와 또래 아이들에게 최선은 무엇인가
자녀를 대상으로 성공하는 법에 대해 교육	아이들에게 성공에 필요한 요소 제공
현실적 – 네가 잘하는 것을 해라	염원 – 넌 뭐든 할 수 있다
한 명만 최고가 될 수 있다	모두 승자가 될 수 있다

X세대 부모의 양육 스타일은 자녀가 가족과 깊은 관계를 형성하는 데 도움이 되었다. 2016년 마케팅 전문 기업 센시스(Sensis)는 Z세대가 가장 중요한 롤모델로 자기의 부모, 특히 어머니를 꼽았다. 이들의 80% 이상이 연예인과 공인 대신 부모를 자신의 영웅으로 꼽았다.[237]

다양성과 평등 / Z세대를 정의하는 대의는 인류의 평등이다. Z세대는 평등을 수호하기 위해 언제든 거리 집회에 나선다. 다소 보수적인 성향과는 대조적으로 Z세대는 평등권에 관해서는 대단히 왼쪽으로 치우친 입장을 고수한다.[238]

〈 표18 〉 세대별로 본 개인적 성공의 중요도[239)]

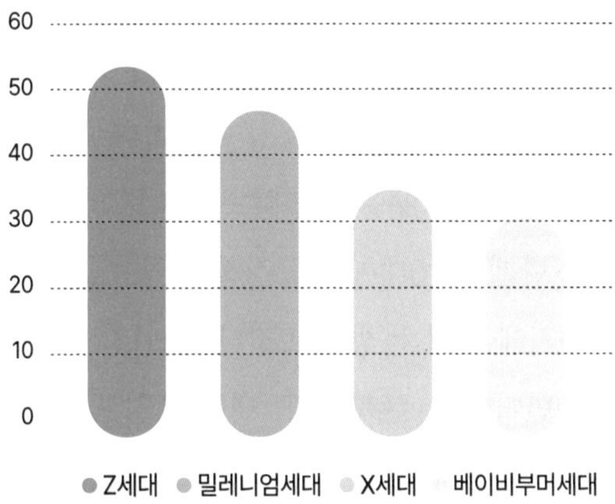

성공은 쟁취하는 것 / 10대(Z세대) 응답자의 절반 이상이 개인의 성공이 인생에서 가장 중요한 요소라고 대답했다. 이것은 소셜미디어의 영향 때문이라고 할 수 있다. Z세대는 좋은 일이 생기거나 누군가 성공했을 때 소셜미디어에 공유하기 때문에 '무소식이 희소식'이라는 속담이 이들에게 통하지 않는다. 사진으로 증명할 수 없는 일은 일어난 적이 없는 것으로 생각한다. Z세대는 조금도 순진하지 않다. 경제적인 측면에서. 그들은 다 알고 있다. Z세대는 개개인에 대한 보상을 매우 중요시한다.[240)] Z세대의 성공은 개인의 노력과 성취의 결과다.

Z세대의 소셜라이프 스타일

인류 문명은 언제나 기술 발전과 반대로 흘러갔다. 인터넷이 사람을 바보로 만들 것이라고 했다. 소셜미디어가 인류에게 해악을 끼칠 것이라고 했다. 물론 부정적인 측면이 있다. CNN이 진행한 연구에 따르면, 13세가량의 아이들은 하루에 많게는 최대 100번까지 소셜미디어 계정을 확인하고 한다. 소셜미디어의 중독성 때문이다. 소셜미디어가 자존감 문제로 이어져서 심하면 우울증을 일으킬 수도 있다. 그러나 소셜미디어가 자아 형성 단계인 10대에게 긍정적인 영향을 미치는지, 부정적인 영향을 미치는지에 대한 논쟁이 뜨겁다. 소셜미디어의 긍정적인 측면과 부정적인 측면이 모두 존재한다. 낸시 세일즈는 "일부 10대들은 소셜미디어 사용을 통해서 더 큰 힘을 얻고 더 많은 사람과 소통하게 되었다고 느끼지만, 일부는 사이버 괴롭힘의 피해자가 되고 있다."라고 말했다.

게리 바이너척은 "기술은 우리를 바꾼 게 아니라 우리가 어떻게든 성취했을 일들을 더 쉽게 할 수 있게 도와주고 있는 것뿐이다."라고 말했다. 그는 또 "학교에서 친구가 없던 아이들이 소셜플랫폼을 통해 온라인 친구를 사귈 기회를 얻게 되었다. 인터넷에서 마음에 맞는 친구나 공동체를 찾아 소통하는 일이 이뤄졌다."라고 말했다.

바이너척은 또 "새로운 미디어가 탄생할 때마다 그 발명품이 사회를 망쳐놓을지 모른다는 건전한 두려움을 가졌다. 그러나 인간은 언제까지나 새로운 흥밋거리를 찾아 나서고, 미디어를 소비하고, 서로 소통할 것이다. 언제나 말이다."[241] 라고 말했다. 소셜미디어의 부정적인 측면만 보지 말고, 긍정적으로 활용할 방안을 마련해야 한다. 특히 Z세대가 그렇게 하도록 지도해야 한다.

침착하고 쿨하게 소통한다 / 연구에 의하면, 10대들의 소셜미디어 소통이 전반적으로 친구와 가족을 중심으로 이루어지며, 친구가 올린 글에 댓글을 남기거나 사진, 동영상, 의견 그리고 노래 및 음악 재생 목록 링크를 공유하는 방식으로 자신을 표현한다고 한다.

경험 / Z세대는 콘서트나 스포츠 행사 관람, 외식, 여행, 친구들과 핫한 곳에서 보낸 시간 등 자신이 경험 재미있는 일들을 사람들에게 과시하고 싶어 한다. 리테일 퍼셉션즈에 의하면 "Z세대의 62%가 물질보다 경험에 돈을 쓰기를 선호한다."라고 한다. 조 콕스는 "Z세대는 경험 수집가이며 소셜서클 안에서 친구나 팔로워들을 통해 인기를 늘리는 데 그 경험들을 활용한다."라고 말했다.[242)]

교육 / Z세대는 뛰어난 학습 능력을 타고났고 또 배움의 기회를 찾아 나서고, 배움 자체를 즐기는 세대다. 이들은 배움에도 모바일을 활용한다. 손가락만 까딱하면 지천에 널린 정보를 얻을 수 있다. Z세대의 52%가 유튜브를 활용해서 온라인 강의의 부족한 부분을 메운다. Z세대는 배움을 추구하는 데 있어서, 더욱 쉽게 학습하기를 원한다.[243)]

세상을 바꾼다 / Z세대의 특징은, 눈에 띄는 변화와 새로운 세상을 향한 진심 어린 열정이 있다는 것이다. Z세대를 정의하는 특징은 '공동체 의식'이다. (신조어. '필랜스러틴' = 자선 활동을 뜻하는 '필랜스러피'와 '틴'의 합성어) Z세대는 세상을 바꾸기 위해서 지금 나선다. 소셜미디어를 통해서 미국과 영국의 10대들을 조사한 결과, 10대의 49%가 적어도 한 달에 한 번은 자원봉사 활동을 한다고 응답했다. 이전 세대와 다른 부분이다. Z세대는 검소한 세대인 동시에 마음이 향하는 곳에는 주저하지 않고 돈을 쓰는 세대다.[244] 아주 특이한 부분이다.

게임 / 모바일 기기나 소셜미디어와 관련된 가장 흔한 형태의 오락거리는 온라인 게임이다. Z세대는 온라인 게임을 중요하게 생각한다. Z세대의 66% 이상이 취미가 온라인 게임이라고 자랑스럽게 말한다. 부모들은 컴퓨터 게임이 시간 낭비라고 생각하지만, 게임을 통해서 교우관계를 형성하고 유지한다. 퓨 리서치 센터가 2015년에 실시한 연구에 따르면 10대(Z세대)의 50% 이상이 온라인에서 새로운 친구를 사귄다.[245]

〈 표19 〉 Z세대의 우선순위[246]

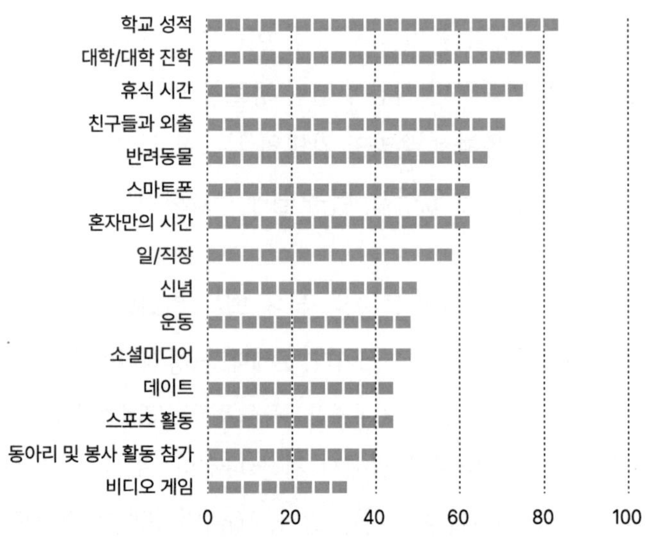

유머 / 재미와 유머는 다르다. 스콧 포겔은 "Z세대는 괴상하고 정신 나간 것 같은 감성이 담긴 것들을 좋아한다. 밀레니얼 세대는 자신을 이상하게 보이는 뭔가를 소셜미디어에 올리지 않는다. 그러나 Z세대는 자신들의 은밀한 사생활도 노출시킨다."라고 말했다 여기서 나온 것이 있다. "유머와 자기비하를 적절히 혼합해서 내재화한 브랜드는 Z세대에 어필할 수 있다." 그러나 지나치게 애를 쓴다는 인상을 주면 외면당한다.[247]

재미 / 소셜미디어는 재미와 오락을 모두 즐길 수 있는 공간이다.

〈 표20 〉 학교 및 직장 밖에서는 보내는 시간[248]

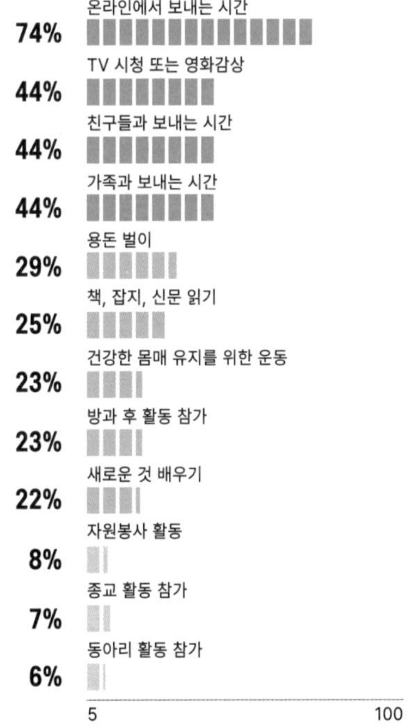

소셜미디어에 모든 것을 걸지 마라

그렇다고 Z세대가 소셜미디어를 숭배한다고(결정적인 영향을 받는다고) 생각하지 않아야 한다. Z세대가 개인적으로는 소셜미디어를 좋아하는 것이 아니라고 한다. Z세대는 소셜라이프에 강박증을 가지고 있다. 마스백은 말한다. 퓨처캐스트와 바클리 보고서는 "Z세대는 모든 시간을 쏟아부을 만큼 한가하지 않아요. 학교, 운동, 방과 후 활동, 봉사 활동, 여기에 우리가 시작한 사업까지 신경 써야 하니까요."라고 말한다.

"Z세대는 우선순위를 알고 있다." Z세대의 우선순위는 학교 공부와 성적이다. 소셜미디어가 그들의 우선순위가 아니다. 그리고 대학진학이 그다음이다. 소셜미디어의 우선순위는 하위권이다.[249]

현실 속 소셜라이프 / Z세대가 하루 종일 스마트폰을 사용하는 것은 아니다. Z세대에게는 어떻든 사회화가 중요한 것이다. 스마트폰은 그것에 이용하는 것이다. "사회적 연결성은 인간이 인간이기에 필요한 핵심적인 요소이며, 또한 행복과 건강을 유지하는데 중요한 것이다.", "사회적 연결성을 위해서 스마트폰을 사용하는 것이다." 이 모든 것이 소셜미디어의 덕분이라고 했다.

소셜미디어가 거는 기대

온 디맨드(맞춤형) / 이것은 '수요자가 원하는 물품이나 서비스를 곧바로 공급하는 비즈니스 모델'을 뜻한다. 부모가 픽업해주지 못할 때 우버나 리프트 같은 앱이 있다. 미국에서 그렇다.

그러나 모든 일엔 장단점이 있다. 터치 한 번이면 거의 모든 게 가능해진 세상에 사는 Z세대는 그만큼 인내심도 짧다. Z세대는 즉각적인 만족감을 원한다. 느린 웹사이트는 이용하지 않겠다고 65%가 응답했다. Z세대는 속도뿐 아니라 '진짜'를 원한다.[250] 가공된 진실은 싫어한다.

진정성 / 그레그 위트는 "Z세대는 진짜를 원한다. 투명성을 바란다. 무엇보다 Z세대는 독창성을 원한다."라고 말했다.[251] 10대는 현실과의 연관성을 현명하게 따진다.

프라이버시와 익명성 / Z세대는 어릴 적부터 온라인 프라이버시와 보안의 중요성을 많이 듣고 자랐다. 이들은 온라인에서 공유해야 할 것과 해서는 안 될 것을 잘 인지하고 있다.

이들 Z세대는 휴대폰을 켜거나 소셜미디어에 로그인한 뒤 가장 먼저 하는 것이 프라이버시 설정을 활성화하는 것이다. 그들은 온라인에서 자신을 보호하는 일에 아주 능숙하다. 온라인에서 부적절한 사진이나 언행이 남아서 자신이 꿈꾸는 대학에 입학하거나 회사에 들어가서 걸림돌이 될 수 있음을 잘 알고 있다. 이전 세대와 매우 다른 부분이라고 할 수 있다. Z세대는 소셜미디어를 떠나지 않고 그 대신 개인정보 보안 수준이 높고 익명성이 보장된 플랫폼으로 옮겨간다. 그래야 Z세대에게 인기를 끌 수 있다. Z세대는 자신들을 마케팅 타깃이 아니라 하나의 인간으로 대하는 브랜드를 원한다.[252]

FOMO(Fear Of Missing Out) 그리고 FOLO(Fear Of Losing Out) / 10대들이 스스로 소셜미디어를 사용해야 한다고 생각한다. Z세대를 보여주는 말이 있다. FOMO(혼자 남겨지는 것에 대한 두려움)와 FOLO(오프라인 세상에 사는 두려움, 손해를 보는 것에 대한 두려움)다. Z세대는 디지털 환경에서의 삶과 정체성이 실생활 속 타인과의 관계에 미치는 영향에 대해 걱정한다.[253)]

11. Z세대는 어디에 관심이 있고 무엇을 소비하는가?

Z세대의 막강한 영향력

Z세대는 온라인 공간에 머무르면서 언제 어디서나 대중에게 자신의 영향력을 행사한다. Z세대는 서로에게만 영향을 미치는 게 아니라 부모와 가족의 소비 습관에도 강력한 영향력을 발휘한다. 미국에서만 7,500억 달러에 달한다.[254)]

탭인플루언서(Tapinfluence)의 마케팅 부사장 '조셉 콜'(J. Cole)은 "영향력은 눈에 보이지는 않지만 강력한, 부정할 수 없는 힘이다. 영향력은 점심을 어디에서 먹을지에서부터 어떤 신발을 구입할 것에 이르기까지 매일 우리의 선택을 좌우한다. 우리가 내리는 최종 결정에는 알게 모르게 늘 영향력의 입김이 작용한다는 걸 명심해야 한다."라고 말했다.[255)]

매슬로의 욕구 단계 / 미국의 심리학자 에이브러햄 매슬로(Abrham Maslow)는 인간의 동기에 대한 이해를 돕기 위해 '욕구 단계설'을 발표했다. 브랜드가 미래 소비자들의 욕구에 의미 있고 적절한 방식으로 어필할 때, 마케터들은 소비자들과 가장 잘 소통할 수 있다. 안전에 대한 욕구는 안전 기능을 중점을 둔 자동차 광고가 잘 먹히게 한다. 또한, 데일 카네기의 〈인간관계론〉이 타인의 마음을 얻어 나와 동일한 사고를 하게 만드는 광고 방법으로 발전한다. 데일 카네기의 이론은 Z세대 마케팅에 활용된다. Z세대는 마케팅 기법과 술책에 속지 않기 때문이다. 그들은 진정성 있는 관계 수립을 중요하게 생각하고 있다.[256)]

가정에서의 영향력 / 가정이 철저한 위계질서 중시에서 벗어나, 민주적인 가정으로 변화되었다. 그러므로 가정 안에서 Z세대의 영향력이 증가하게 되었다. 제노 그룹 시장 조사에 의하면 "부모 78%가 자신들의 어린 시절과 비교했을 때 자녀가 가정 내 의사 결정 과정에 상당한 영향력을 발휘한다"고 대답했다. 이것이 가능한 것은 전통적인 가족 구조의 변화, 10대들의 정보 접근성 증가가 원인이다.[257)]

변화하는 가족 구조 / 10대 자녀들은 24시간 내내 정보에 접근하고 있다. 대부분의 부모들은 자녀에게 기꺼이 상품 탐색의 임무를 일임한다. 검색을 마친 Z세대는 자신이 들어선 시장에 대해 잘 알고 있다. 가족의 역할과 가족 내 의사소통 방식이 점점 개방되고 민주화됨에 따라 Z세대가 협상에 승리할 최적의 조건을 가지게 되었다. Z세대가 직접 소비하는 돈만 해도 미국에서는 440억 달러에 이르고, 이들이 가족의 소비에 미치는 영향력까지 고려하면 이들의 구매력은 7,500억 달러에 달한다. Z세대는 엄청난 구매력을 가진 어마어마한 시장으로 성장했다.[258)]

가족의 의사 결정에 끼치는 영향력 / 최근 시장 조사 사이트 유고브(YouGov)는 부모의 구매 결정에 자녀들이 미치는 영향력에 대해 조사했다. 그 결과, 자녀들은 '가계 경제의 활발한 의사 결정자'라는 결과를 얻었다. Z세대가 가장 큰 영향력을 발휘하는 항목은 식품 영역인 것으로 나타났다. 두 번째로 자녀가 높은 영향력을 가지는 항목은 가족의 레크리에이션 활동이었다.[259]

서로의 영향력 / 자녀를 쇼핑할 때 데리고 온 부모는 평균적으로 30% 이상 더 많은 돈을 지출한다. 10대 자녀들의 고집은 과소평가될 수 없다. 42%의 부모가 특정 제품을 사기로 마음먹은 자녀의 고집에 무릎 꿇는다.[260]

외부 영향 / Z세대의 89%가 친구들이 가는 쇼핑몰에서 더 자주 쇼핑을 한다. 62%가 구매 결정에 있어서 가장 큰 영향력을 발휘한 요소로 또래 친구들의 의견을 꼽았다.[261] 최근 〈심리과학 Psychological Science〉에 실린 한 연구는 다양한 소셜미디어에 등장하는 '좋아요'가 실제로 10대들의 뇌와 행동에 영향을 미친다는 사실이 입증되었다.[262] 이제 가장 영향력있는 Z세대 트렌드 세터들은 유튜브, 인스타그램, 트위터, 스냅챗 등의 소셜미디어에 자신만의 독창적인 관점과 의견을 공유함으로써 팔로워들과 직접 소통하고 신뢰를 기반으로 한 진짜 관계를 맺는다. 그 결과, 이들에게는 열정적이고 정보로 무장한, 종종 브랜드에 관심이 많은 팔로워들이 생긴다. 이렇게 촘촘하게 엮인 팔로워들은 마케터들에게 있어 성배나 다름없다.[263]

돈, 저축, 지출

Z세대에게 유리한 점은, 모바일 기기를 사용해 돈을 벌고 저축하고 투자하고 소비하기 쉬운 환경에 있다는 것이다. Z세대는 돈을 이체할 때든, 쇼핑할 때든, 본인의 브랜드 인지도를 높이고자 소셜미디어를 이용할때든, 모든 경제활동에서 앱을 사용한다.[264] Z세대는 돈벌이, 저축, 소비에 대한 나름의 소신이 있다.

〈 표21 〉 Z세대의 자금 조달 방법[265]

Z세대의 자금 조달 방법	
부모나 가족구성원의 지원	38%
시간제 근로(주당 20시간)	24%
의뢰를 받아 잡다한 일을 하거나 단기아르바이트를 수행	23%
(심부름을 하거나 목표를 달성해서 받는) 용돈	22%
전일제 근로	20%
용돈 (정기적으로 받는 돈)	19%
초단기 아르바이트 (주당 20시간 미만)	15%
자영업 또는 사업	9%

Z세대의 자금 출처 / 부모나 가족 구성원의 지원(38%), 시간제 근로(주당 20시간, 24%), 단기 아르바이트(23%), 용돈(22%), 전일제 근로(20%) 등이다. 스스로 돈을 벌려는 열망은 Z세대에게 보편적으로 나타나는 성향이다.[266]

요새 누가 지갑을 들고 다녀? / Z세대는 "스마트폰으로 결제하는 게 당연하죠. 저는 지갑에 신용카드를 넣고 다니는 게 구닥다리로 느껴져요."라고 말한다. Z세대는 현금 소지를 불편해한다. Z세대는 막 성인이 되는 20대 때 현금을 주요 결제수단으로 인식하지 않는 첫 세대다. Z세대의 디지털 지출 습관은 Z세대의 필요를 더 잘 충족하려고 개발된 새로운 기술 플랫폼에게 기회가 된다.

급속도로 대중화된 벤모, 빠르게 성장 중인 캐시앱, 전통적 은행들이 대대적으로 홍보하는 P2P 무료 송금 서비스, 젤(Zelle) 덕분에 Z세대는 일상생활에서 현금을 들고 다닐 필요가 없다. Z세대는 현금을 주요 결재수단으로 인식하지 않는 첫 세대다.[267)]

Z세대와 대학 / Z세대는 대학 진학을 희망하는 성향을 일관되게 나타내고 있다. 2018년 설문조사에서, 고등학생 연령대(13세부터 17세까지)의 Z세대 86퍼센트가 대학을 갈 계획이라고 답했다. 하지만 그들은 대학 졸업장을 받기 위해 학자금 대출을 받는 것에 부담을 느꼈다.[268)] '가능하면 빚을 덜 지고 대학을 졸업하고 싶다'는 정서가 Z세대에게 점점 더 뚜렷이 나타나고 있다.[269)]

소비자 부채 / Z세대의 23%는 무슨 일이 있더라도 빚을 지지 말아야 한다고 믿는다. Z세대는 되도록 빚을 지지 않으려고 노력하는 한편, 개인 대출과 재융자 옵션을 제공하는 핀테크 시장에 접근한다. Z세대는 되도록 빚을 지지 않으려고 노력하는 한편, 개인 대출과 재융자 옵션을 제공하는 핀테크 시장에 접근한다.[270)]

은퇴 대비 / 2017년 Z세대 현황 조사에 따르면, 14세부터 22세까지 Z세대 구성원의 12퍼센트가 은퇴를 대비하고자 이미 저축 중이라고 답했다. Z세대는 투자, 은퇴 대비, 재무적 조언과 관련된 부분에서 엄청난 변화와 혁신이 일어나는 시대에 살고 있다.[271]

인플루언서 마케팅

2015년 미국의 광고잡지 에드위크(Adweek)는 인플루언서 마케팅을 마케팅업계의 '차세대 유망 분야'라고 언급하며 이 전략이 브랜드가 소비자와 더욱 직접적이고 창의적으로, 대규모로 소통할 수 있는 새로운 채널을 열어줄 것이라고 내다봤다.[272] 페이스북, 유튜브, 인스타그램, 트위터, 스냅챗, 그밖의 여러 소셜플랫폼에서 자신의 팔로워들과 의미 있는 관계를 쌓아가는 인플루언서들이 바로 영향력을 발휘하는 사람들이다.[273]

마케터 / 인플루언서 마케팅은 마케터들에게 보다 광범위한 영역의 메시지 수용력과 데이터에 대한 깊은 이해를 요구한다. 디지털 마케팅의 전환 덕분에 데이터의 중요성이 크게 주목받게 되었다. 거의 모든 마케팅 시도가 추적, 측정, 분석되고, 그 결과 제품 판매 이유를 파악하는 못하는 일은 더 이상 발생하지 않는다.[274]

인플루언서 / 인플루언서들도 소비자 참여를 유도하고, 이들과 소통하기 위해 인스타그램이나 스냅챗 같은 간결한 시각적 콘텐츠 중심의 플랫폼으로 옮겨가야 했다. 인플루언서가 제공하는 콘텐츠뿐만 아니라 그들이 타깃으로 삼는 연령대 역시 변화했다. 이제 마케터들은 모든 연령대를 커버하는 인플루언서들과 손잡고 밀레니얼세대와 Z세대를 브랜드 콘텐츠의 타깃으로 삼는다. 소비자들과의 소통과 고품질의 콘텐츠 제공으로 인한 엄청난 인지도 증가에 힘입어서 이들 중 대다수는 '인플루언서'를 전업으로 삼기 시작했다. 심지어 인플루언서를 미래 직업으로 꿈꾸는 Z세대도 상당수 존재한다.[275]

소비자 / 시간이 갈수록 소비자들은 브랜드보다 또래 집단을 더 신뢰하는 경향을 보인다. 심지어 브랜드의 후원을 받은 인플루언서의 콘텐츠도 마찬가지다.

새로운 연예인 / 자기만의 경쟁력을 가진 소셜 인플루언서 및 콘텐츠 제작자와의 협업이 연예인을 통한 제품을 홍보하던 방식을 앞지르고 있다. 이제 브랜드는 진짜 콘텐츠를 공유하며 팬과 팔로워들로부터 진정성을 인정받고, 신뢰를 얻은 진짜 사람들의 이야기로 후광을 톡톡히 받고 있다.[276]

소통의 새로운 규칙 / 소셜미디어의 인플루언서들은 솔직함을 무기로(또는 스스로에 대한 한껏 과장함으로써) 명성을 얻는다. 그들의 공통의 관심사와 아이디어를 기반으로 팔로워 그룹을 구축했고 우정과 신뢰를 근거로 팔로워들에게 영향을 발휘할 수 있게 되었다. Z세대가 소셜미디어 인플루언서들과 형성하는 관계는 팬과 우상의 관계가 아니라 '우정'이다.[277] 인플루언서 마케팅은 또 하나의 유료채널로 진화했다.

'나'라는 브랜드를 팔아라

나이키, 애플, 스타벅스, 구글을 비롯한 세상의 모든 유명 브랜드가 아무리 애를 써도 Z세대가 가장 좋아하는 브랜드는 '나'라는 브랜드다. '나'라는 브랜드를 셀카 세대라 불리는 Z세대가 가진 나르시시즘의 발로라고 볼 수 있다. 이는 이해받고 싶고, 자신을 드러내고 싶은 Z세대의 특징을 보여주는 현상이다.[278]

개인으로서의 소속감 / Z세대가 스스로를 독특하게 보이려는 일에 목을 맨다. 이전 세대의 10대들과 마찬가지로 Z세대 역시 또래 집단으로부터 인정받고 받아들여지기를 원한다.[279]

셀프 이미지와 완벽주의 / 온라인에서든 오프라인에서든 Z세대는 이전 세대에 비해 스스로의 외모에 더 집착하게 되었다. 게다가 이들이 공들인 정체성은 늘 대중에게 공개되어 있기 때문에 남들 앞에 드러나는 자신의 모습을 관리하는 데 대단히 신중하다. CGK에서 연구한 조사에서, 응답자의 35%는 누군가 별 볼 일 없는 사진에 자신을 태그할까 봐 걱정했다. 27%는 게시된 사진 속의 자기 모습에 스트레스를 받았다. 22%는 자신이 올린 사진이 관심을 받지 못할 때 기분이 나쁘다고 답했다.[280]

공들여 가꾼 자아 / Z세대에게는 '어른이 되면 다 알게 된다'라는 식의 훈계는 통하지 않는다. 10대는 스스로 결정한다. 10대들은 어떤 사람이 되고 싶은지, 남들이 자신을 어떻게 봐주었으면 하는지, 어떤 대우를 받고 싶은지를 스스로 결정한다.

제클린 스즈키는 "오늘날 10대(Z세대)의 75% 이상이 동시에 여러 개의 '온라인 자아'를 갖는 것에 익숙해져 있다."라고 말했다. Z세대를 종종 '슬래시'(slash) 세대라고 부르는 이유가 있다. 그들이 다양한 역할을 상황에 맞게 동시에 해낼 줄 알기 때문이다. Z세대는 브랜드 로고에는 눈곱만큼도 관심이 없다. Z세대는 자신을 꾸미고, '나'라는 브랜드를 관리하는 일에 도움이 될 브랜드에 끌린다. 세대의 가치를 반영하자. 자기의 브랜드 이미지를 보호하기 위해, Z세대는 숭고한 가치를 존중하는 브랜드만 취급한다.

브랜드를 위한 브랜드가 아니라 '나'라는 브랜드를

Z세대는 자신을 꾸미고, '나'라는 브랜드를 관리하는 일에 도움이 될 브랜드에 끌린다. 성공하는 브랜드가 되려면 다음의 4가지 접근법을 살펴보라.

1. Z세대의 가치를 반영하자.

자기의 브랜드 이미지를 보호하기 위해, Z세대는 숭고한 가치를 존중하는 브랜드만을 취급한다.[281]

2. 투명성을 통한 신뢰 구축

진정성을 갖추고, 신뢰를 얻는 길은 멀고도 험하지만, 목적지에 도달했을 때 받는 보상은 노력의 몇 배에 달한다. 신뢰는 허투루 쌓이지 않는다. 고객의 신뢰를 얻는 유일한 방법은 오랜 기간 일관성을 유지하는 방법뿐이다.[282]

3. 소통으로 이야기를 만들어라

Z세대에게 다가가기 위한 가장 좋은 방법은, 그들과 직접 소통하며 브랜드 스토리가 그들의 이야기가 되게 하는 것이다. Z세대를 제품 디자인과 브랜드홍보 가정에 참여시켜 그들의 놀라운 아이디어를 활용하는 것도 좋은 방법이다.[283]

4. Z세대에게 영감을 제공하고, 그들로부터 영감을 얻자.

마케터들은 충격, 놀라움, 슬픔, 심지어 지루함 등 소비자로부터 감정적 반응을 끌어내는 데 온 힘을 쏟아야 한다. 광고 콘텐츠를 기반으로 한 구매보다 광고에 대한 감정적 공감을 기반으로 한 제품 구매가 2.3배 더 많이 발생하기 때문이다.[284]

소비자에서 파트너로 / 소비자에서 팬으로, 팬에서 파트너로, Z세대는 브랜드의 활동에 적극적으로 참여하고 있다. Z세대는 그저 그저 제품의 소비자가 아니라 당신이 가장 신뢰할 수 있는 자문단이기도 하다. 그러니 아직 Z세대를 브랜드의 일원으로 초대하지 않았다면, 지금이라도 늦지 않다. 광고를 내보내기 전에 이들을 초대해 마지막 장식을 도와달라고 청하라. Z세대는 언제든 당신과 이야기할 준비가 되어 있다.[285)]

Z세대가 브랜드에 바라는 점

Z세대는 전자상거래와 전통적 구매 행위로 연간 수십억 달러를 지출 중이고, 제품과 서비스 판매자들의 사회적 대의에 대한 태도에 영향을 미치고 있다. 어린 소비자들이 의류, 화장품, 음악 부분에서 트렌드를 선호하는 계층이라는 것은 상식이다. 광고주들이 20대 소비자들의 마음을 얻으려는 이유다.

지금 떠오르고 있는 신세대 소비자 / Z세대는 '떠오르고 있는' 신세대이며, 향후 최소 10년 이상 그러한 것이다. 광고주들은 20대 소비자들의 마음을 얻기 위해, Z세대를 향한 마케팅을 하고 있다.

더 가치 있게 소비하기 / Z세대는 어린 나이에 비해 금전문제에서 보수적이고 실용적인 태도를 취한다.[286)] Z세대는 첫째도 가성비, 둘째도 가성비, 셋째도 가성비다.[287)]

맞춤형 광고 / Z세대는 역사상 어느 세대보다 많은 제품, 서비스, 브랜드 광고와 콘텐츠를 접하면서 성장한 세대다.[288)] 메리 앨런 듀건은 "겁이 많은 이전 세대들에 비해, Z세대는 겁이 없는 세대"라고 말한다.[289)] Z세대는 쇼핑하는 과정에서 끊임없이 본인에 관한 데이터를 만들도록 조건화됐다. Z세대는 광고부터 체크아웃, 환불에 이르기까지 모든 고객 경험이 본인의 선호도에 맞춰지길 기대한다. 그런 고객 경험을 제공하지 않는 기업은 Z세대에게 외면받을 것이다.[290]

사회적 대의 / Z세대는 기업들이 자사 이익 외의 가치를 대변하고, 자사가 세상에 미치는 긍정적인 영향을 보여줘야 한다고 믿는다.[291] 인테그럴 애드 사이언스의 CEO, 리사 유츠쉬나이더는 "Z세대는 기업이 내세우는 미션(사명)이 무엇인지, 기업이 그 미션을 달성하려고 노력하는지 보고 싶어한다. Z세대는 기업이 자신을 가치 있는 존재로 대하고, 기업의 가치를 세상에서 추구하는 모습을 보길 원한다. 그들은 기업에게 그런 요구를 하길 두려워하지 않는다"라고 말했다.[292]

브랜드는 플랫폼이다 / 브랜드를 플랫폼으로 인식하는 시각은 기업의 비전을 제조, 운영부터 마케팅, PR까지 기업의 모든 활동에 연계시킨다.[293] 브랜드가 플랫폼이 될지 말지는 결국 고객 신뢰에 달렸다. 성공한 Z세대 브랜드 플랫폼은 3개의 요소를 갖췄다.

첫째, 대상 독자에게 가장 효과적으로 도달하기 위한 경로의 일관성이다. 둘째, 데이터 기반 트래킹에 대응하는 능력이다. 즉, 가능한 모든 정보를 수집하고 해당 정보를 개별 고객과 연결시키는 능력이다. 셋째, Z세대 고객들의 인생단계, 우선순위에 부합하는 모습을 보임으로써 형성한 유의미한 연결고리다.[294]

Z세대에게 적응하기 / 소비자로서 Z세대의 중요도는 날로 높아지고 있다. 지금 Z세대는 생애 첫 자동차 구입(또는 리스), 첫 주택 임차, 근무 복장 구매, 친구와의 레스토랑 예약 등 인생 단계에서 중요한 각종 구매 결정을 앞두고 있다.

Z세대는 브랜드와 고객의 투명성, 트랜드의 신속한 부상과 소멸을 당연시하는 시대에 성장한 세대다. Z세대는 어릴 적부터 어떤 매장이든 들어가서 제품을 찾은 다음, 그 자리에서 스마트폰을 꺼내 제품 리뷰를 읽고, 어느 매장에서 구매하는 것이 싼지 비교하고, 스마트폰으로 주문해, 집에 도착하기 전에 배송 받을 수 있는 시대를 살아왔다. 이처럼 소비자들이 오프라인 매장을 온라인 쇼핑몰의 전시장(showroom)처럼 쓰는 구매 행태를 '쇼루밍'(showrooming)이라고 부른다.[295]

Z세대의 브랜드 로열티를 얻는 법

메리 엘런 듀건은 "Z세대는 브랜드를 사지 않는다. 브랜드에 합류한다."라고 말한다. Z세대에게 브랜드는 본인이 지향하는 정체성의 표현이다. Z세대는 브랜드 특유의 느낌이나 경험을 인터넷에서나 현실 세계에서나 일관되게 제공하는 브랜드를 원한다.[296] 모든 Z세대 마케팅에서 핵심은 진정성이다. Z세대는 기업에게 강매 당하길 원치 않는다. 그들은 자기 또래의 강력한 인플루언서들이 쓰는 제품을 사려 한다. 그들은 또래의 추천을 다른 어떤 광고보다 신뢰한다.[297]

Z세대의 고객여정

판매와 마케팅 관련 업무를 하는 사람은 '고객여정[298]'이라는 개념에 익숙하다. 고객여정이란 고객이 구매를 결정하기 전에 밟는 절차를 가리키는 용어다.[299]

포지셔닝 / 모든 브랜드는 고객들이 브랜드와 자신을 연계하도록 설득하기에 앞서 먼저 자신이 어떠한 브랜드인지 알아야 한다. Z세대 고객들과 이어지기 위한 마케팅에서는 이것이 전에 없이 중요해졌다. 그들은 특정 브랜드의 제품 구매를 고려하기 전에 해당 브랜드가 무슨 가치를 대변하는지 알고 싶어 한다.[300]

인게이지먼트와 인지도 / 이 단계의 고객여정은 구매 유입 경로(sales funnel)의 초입에 해당한다. 기업이 할 일은 자사 제품이 고객을 위한 제품이라고 고객들을 설득하는 것이다. 하지만 Z세대는 이전 세대들에게 브랜드 인지도를 높이는 데 효과적이었던 전통적인 마케팅 전략에 관심이 별로 없다. Z세대는 광고판이나 신문 광고, TV 광고를 신경 쓰지 않는다.

그들에게 보다 큰 영향을 주는 것은 친구의 추천이다. '브랜드 인게이지먼트'는 단순히 Z세대 고객에게 브랜드를 제시하는 것보다 훨씬 큰 의미를 지닌다. 인게이지먼트 단계는 처음으로 Z세대의 열망과 이어질 기회이기도 하다. Z세대를 고객으로 확보하기 위해서는, 적절한 인게이지먼트와 인지도 확보가 중요하다.[301] Z세대를 고객으로 확보하기 위해서는, 적절한 인게이지먼트와 인지도 확보가 너무도 중요하다.[302]

최초 구매 / 이 단계는 고객이 최초 구매를 결정하는 순간을 가리킨다. Z세대는 원클릭 결재가 일상이다. 쉬운 환불 절차도 구매 경험만큼이나 중요하다. 쇼핑객의 96%가 환불 경험을 토대로 다시 구매할 의향이 있다고 답했다. 69%는 반송 비용 지불을 요구하는 소매업체의 상품은 재구매하지 않겠다고 답했다.[303]

브랜드 충성도 얻기 / Z세대에게서 브랜드 충성도를 확보하려면, 뛰어난 품질의 제품과 서비스 경험만으로는 불충분하다. 뛰어난 제품과 서비스 경험은 기본이다. 브랜드 포지셔닝, 브랜드 인게이지먼트, 브랜드 인지도 구축 단계에서 일관되고 투명하게 그러한 메시지를 높은 퀄리티의 영상으로 전달해야 브랜드 충성도를 높일 수 있다.[304]

지인에게 소개하기 / 소비자들이 상품에 대한 긍정적인 입소문을 내고 지인에게 상품을 소개하게 유도하는, '입소문 마케팅'은 Z세대의 직접적 구매를 이끌어내는 효과가 가장 큰 마케팅 방식이다. 자연스러운 추천을 촉진하는 또 다른 방법은 디지털 플랫폼을 통해 가치 있는 콘텐츠 영상을 공유하는 것이다. 고객 여정은 모든 단계가 중요하다.[305]

혁신을 위한 Z세대의 '쇼핑' 여정

앞으로 Z세대가 전체 소비자의 40%를 차지하게 될 것이므로, 소매업의 미래는 Z세대의 손에 달려 있다고 할 수 있다. 그러나 대부분의 소매업자들은 까다롭고 강력한 영향력을 가진 Z세대를 맞이할 준비가 잘 되어 있지 않다.[306] Z세대는 전통적인 비즈니스 모델을 산산조각내며 브랜드에 새로운 도전을 안겨 주었다. Z세대는 전자 상거래 분야의 최강자인 아마존과 함께 성장한 세대다. '아마존 효과'라는 말이 있다.[307] 이는 아마존이 수립한 기준은 이제 Z세대가 모든 쇼핑 경험에 기대하는 기준이 되었다는 것이다.

돈은 중요하다 / Z세대가 아직 어리고 자기들끼리 통하는 유행어로 의사소통을 할지라도, 이들은 강력한 소비자들이다. 그럼에도 Z세대는 돈을 함부로 쓰지 않고 저축한다. 그들은 검소하기도 하다. 앞선 세대들에 비해 투자한 돈에 대해 훨씬 큰 기대를 갖는다. 그리고 빚을 내는 일에는 관심이 없다.[308]

흥미로운 구매 과정 / Z세대의 쇼핑 여정은 전통적인 대중 광고를 접하는 데서 시작하지 않는다. 휴대폰을 매개로 한 소셜미디어, 그리고 친구들과의 네트워크가 쇼핑의 시작점이다. 또래 집단이 구매 결정에 큰 영향을 준다. 전도에도 또래 집단의 영향력을 활용하는 것이 좋을 것이다. 제품에 관심이 생기면, Z세대는 구글을 통해서 검색한다. Z세대는 마케터들로 하여금 자신들에게 이야기를 들려줄 기회를 제공하고 있다. 그러나 그것이 충족되지 않으면 금방 떠나버린다. 또한 Z세대는 리뷰를 읽기도 하고 또 리뷰를 쓰기도 한다.[309]

쇼핑몰이여, 영원하라 / Z세대의 쇼핑이 스마트폰에서만 이루어진다고 생각할지 모른다. 하지만 놀랍게도 Z세대는 여전히 쇼핑몰에서 쇼핑을 즐긴다. Z세대들에게 매장 직원의 영향력이 매우 크다.[310]

매장에서의 쇼핑은 경험이 모든 것을 결정한다 / 한 가지 잊지 말자! 매장 직원들의 역할은 구매를 강요하는 것이 아니라 쇼핑을 돕는 것이다. 무엇보다 Z세대를 존중해야 한다.[311]

카드 뉴스 - 어떻게 '콜라보(협업)'를 이룰 것인가?

첫 번째 사이클은 'PC, 윈도우, 인터넷 사이클'이다.

두 번째는 '모바일 사이클'이다. 그 다음은 일곱 가지 IT기술이다. 클라우딩 컴퓨팅, 사물인터넷, 인공지능, 블록체인, 로봇공학, 증강현실 및 가상현실, 그리고 메타버스다. 세 번째 사이클은 2025년 무렵에 시작될 것이다. 클라우드는 디지털 세계의 SOC(사회간접자본)이다.

사물인터넷은 디지털 세계와 현실 세계를 연결하는 다리 역할을 한다. '인공지능'은 디지털 세계의 가치를 업그레이드 해준다. 현실 세계의 혁신 기술은 '로봇'이다. 또한 '메타버스'다. "상상력이 이끄는 미래 사회에는 디지털에 능숙한 사람이 승자다." 그러면에서 Z세대는 미래 사회를 이끌 주역들이다. Z세대는 새로운 세상의 주인공 세대다. 밀레니얼 세대와 그 이전 세대는 배워야 하는데, Z세대는 배우지 않아도 그들의 삶 자체가 '디지털 세상'에 최적화되어 있다.

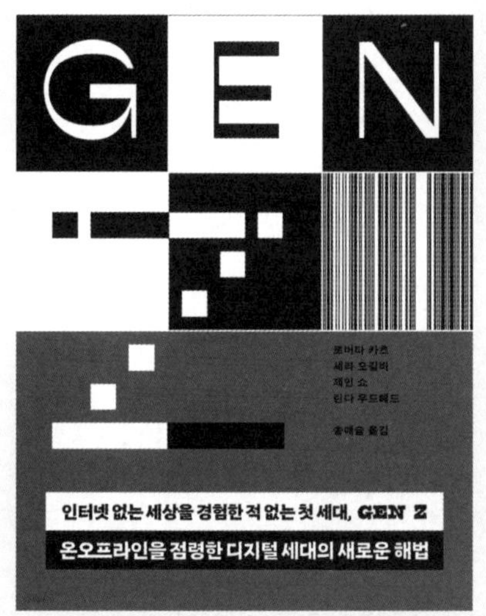

Z세대는 '거짓과 조작'을 싫어한다. 그들은 '진실과 솔직'한 것을 좋아한다. Z세대는 '위선'을 받아들이지 않는다. Z세대는 '베끼거나 훔치는 건 용서하지 못한다'. 그들은 진정성을 가지고 배려하는 세대다. 포용성도 가지고 있다.

Z세대는 세상을 향해 자신의 목소리를 내고 있다. 이것은 실제적인 것이다. 과거 세대가 침묵했다면, Z세대는 이전 세대와 이런 면에서 많이 다르다. 그들은 의견을 표현하고, 연대해서 자신들의 뜻을 세상에 나타낸다. 심지어 글로벌 기업들까지 Z세대의 정당한 요구에 고개를 숙이는 일까지 벌어졌다. 소셜 미디어를 그들은 의견을 표출한다. 그들은 열정과 신념을 가지고 있지만, 그들의 앞길은 아직 불투명하다. 그럼에도 Z세대는 변화를 위해서 구체적인 행동을 하고 있다. Z세대는 자신들만의 비전과 가치로, 세상을 바꿔나가고 있다. 기성 세대는 이들과 콜라보를 이루며 긴장과 갈등이 아니라 효과적으로 '콜라보'할 수 있도록 준비해야 한다. 구체적으로 부모와 자녀가, 기성세대와 Z세대가 어떻게 '콜라보'를 이룰 것인가?

〈 표22 〉 Z세대 설문조사, 미국 응답 결과[312)]

새로운 기술혁신이 삶을 향상시켰는가, 약화시켰는가? 훨씬 약화시켰으면 0점, 훨씬 향상시켰으면 5점으로 답하시오.	
0 – 훨씬 약화됨	3%
1	3%
2	10%
3	31%
4	24%
5 – 훨씬 향상됨	18%
잘 모르겠음	10%

〈 표23 〉 Z세대 설문조사, 영국 응답 결과[313)]

새로운 기술혁신이 삶을 향상시켰는가, 약화시켰는가? 훨씬 약화시켰으면 0점, 훨씬 향상시켰으면 5점으로 답하시오.	
0 – 훨씬 약화됨	1%
1	2%
2	8%
3	34%
4	29%
5 – 훨씬 향상됨	16%
잘 모르겠음	9%

제 3 장
어떻게 Z세대를 도와줄 것인가?

제 3 장 어떻게 Z세대를 도와줄 것인가?

12. Z세대의 생존법

≪GEN Z: 디지털 네이티브의 등장≫(GEN Z, Explained)의 마지막 부분에 〈디지털 시대의 생존법〉이 소개되어 있다. 여기서 Z세대의 열 가지 특징을 다음과 같이 소개했다.

1. 스스로의 의지로 타인을 돌보다.
2. 정체성 공동체에 공을 들이다.
3. 타인을 포용하려 노력하다.
4. 진정성이 중요하다.
5. 힘을 합쳐 일하고 사교적이다.
6. 합의된 권위를 지향하다.
7. 유연한 조립식 구조를 선호하다.
8. 환멸을 느끼는 과거를 뒤로하고 현재에 집중하다.
9. 밈을 통해 웃으면서 끈끈해지다.
10. 인류를 위해 투쟁하다.

이 특징을 Z세대 스스로 잘 이해할 필요가 있다. 또한 Z세대와 더불어 살아가는 다른 세대들이 이를 통해 Z세대를 잘 이해함으로 서로 소통할 수 있다.

스스로의 의지로 타인을 돌보다

Z세대의 행동과 가치관, 세계관의 핵심에는 개인 주체로서의 감각이 존재한다. 이들은 언제 어디서든 풍부한 온라인 자료를 접할 수 있기에 아주 어려서부터 질문의 해답을 직접 찾고, 세계 반대편 사람을 만나 대화하고, 네트워크를 항해하며 어른들은 이해하지 못하는 도구의 사용법을 잘 익혔다. 자기 지향성은 자칫 나르시시즘으로 귀결될 수 있으나, 이들에게는 아니다. 이들은 자기 규정적이고 자기 의존적이지만 자기중심적이지도 자만하지도 이기적이지도 않다. 자신감을 드러내지만 오만함과는 거리가 있다.[314)]

정체성 공동체에 공을 들이다

디지털 시대에 자아와 공동체는 닭과 달걀의 관계처럼 끈끈하게 엮여 있다. 개인은 여러 공동체를 접하면서 미립자로 구성되는 자신만의 정체성을 발견한다. 그리고 특정한 속성으로 이뤄진 정체성을 자신의 것으로 받아들이고 나면 기꺼이 그 특성과 관련된 '부족'의 일원이 된다. 조립식 정체성은 앞으로도 디지털 시대를 살아가는 사람들에게 아주 중요한 지향점이 될 것이다.[315)]

타인을 포용하려 노력하다

Z세대가 현실 세계와 온라인에서 경험한 것들의 결과로, 1960년대식 '존재의 자유' 윤리가 확산되었다. 누구나 자신의 정체성을 스스로 규정할 수 있어야 하며 사회에서 공정한 대우를 받을 권리가 있다는 신념은 Z세대가 가장 공감하는 세계관이다.[316]

진정성이 중요하다

Z세대는 진정성을 바란다. 사람들, 상품, 인간관계에서 늘 진심을 찾고 싶어한다. 이들은 정말로 중요하게 생각하는 영역에서 자신들이 마주하는 상대의 진실성을 신뢰할 수 있기를 기대한다. 만약 마땅히 진실한 표현을 기대할 만한 맥락에서 거짓과 왜곡이 발생하면 신뢰가 깨진다. 이 세대는 망설임 없이 가짜를 고발하고, 문화적 전유를 강력히 규탄한다.[317]

힘을 합쳐 일하고 사교적이다

Z세대는 대체로 혼자보다 협업해 일하는 것을 선호한다. 혼자 일을 할 때도 카페나 공동 아지트 또는 기숙사 휴게실처럼 함께 모일 수 있는 공간에 있으려 한다. Z세대는 단순히 협업을 즐기는 것을 넘어 사교적이기도 하다. 이들은 이메일, 문자, 소셜미디어 덕분에 하루 내내 여러 사람과 이어져 지낸다. 협업을 지향하는 Z세대의 태도는 업무 방식에도 영향을 미치고 있다.[318]

합의된 권위를 지향하다

Z세대는 리더 없는 집단에서 긍정적인 경험을 쌓고 있다. 물론 혼란을 막기 위해 리더가 존재하는 집단도 있으나, 그러한 경우라도 권력이 최대한 분산되고 임시적인 리더십을 선호한다. 유연한 리더십이란 집단의 모든 일원이 돌아가며 리더 역할을 맡거나, 필요에 딱 맞는 역량을 보유한 일원에게 리더 역할이 주어지는 것이다.[319]

유연한 조립식 구조를 선호하다

조립성은 포스트 밀레니얼(Z세대)의 삶 곳곳에 배어 있다. 파편화는 손쉬운 조작과 전송이 가능하도록 정보가 0과 1의 비트와 바이트로 쪼개진 디지털 기술의 핵심 특성이다. 쪼개진 비트와 바이트는 다양한 조립식 통일체로 재구성된다.[320]

환멸을 느끼는 과거를 뒤로하고 현재에 집중하다

Z세대는 버거운 유산을 물려받았다고 생각한다. 이전 세대와 달리, 부모보다 더 잘살게 되리라는 기대가 이들에게는 없다. 이들은 기성세대가 해결해야 했던 기후위기, 인종차별, 불의, 총기폭력 문제를 염려한다. 과거의 위선, 인종차별, 여성 혐오에 실망감을 느끼고 때로는 분노한다. 이들은 새로운 사회구조와 지향성을 원한다.[321]

밈을 통해 웃으면서 끈끈해지다

밈은 Z세대가 좌절과 실망을 유머와 집단 연대로 풀어내 독창적으로 승화하는 대표적인 수단이다. 내부 농담으로 기능하는 밈은 공유하는 경험과 가치를 부각하여 유대 관계를 강화한다. 끈끈한 결속력을 갖게 할 뿐 아니라 아주 사적인 감정을 표현하는 배출구 구실도 한다.[322)]

인류를 위해 투쟁하다

미래에 닥칠 커다란 변화에 대비하기 위해 Z세대는 새로운 기술을 받아들이고, 유연성과 자기 의존성이라는 특성 및 가치를 함양한다. 일면 모순적으로 보일 수 있겠으나, 이들은 안전과 안정도 바란다. 오래 일할 수 있는 안정적인 일자리와 우정, 결혼, 그리고 공동체를 열망한다.[323)]

Z세대 자녀와 X세대 부모의 콜라보 <생존법>

부모와 자녀가 함께 앉아서 대화를 나눠 보자. 그냥 마주 앉아서 말하기가 힘들다면 맛있는 저녁을 먹고 나서 차 한 잔 나누면서 대화를 나눠보자. 또 시간을 내서 가족 나들이나 여행을 가서 거기서 가족 대화의 시간을 가져 보자. 부모도 솔직하게 어려운 점을 자녀들에게 솔직하게 털어놓고 자녀들도 자신의 어려운 점을 부모에게 말해 보자. 부모 자녀 사이에 '야자 타임'을 가질 수는 없지만, 격식을 차리지 말고 진솔한 대화를 나누도록 노력하자. 부모도 사회에서 힘든 부분이 있을 것이고, 자녀도 학교나 직장, 그리고 가정에서 힘든 점이 있을 것이다.

대화를 나눌 때, Z세대 자녀의 문제에 집중해서 온 가족이 “어떻게 도울 것인가?”에 초점을 맞추면 좋을 것 같다. Z세대 자녀의 말에 귀 기울이는 시간을 가져야 한다. 좋은 이야기든 슬픈 이야기든 아니면 매우 힘든 이야기든 자녀의 말에 귀를 기울이자. 그리고 다 들은 후에 가족들이 해 주고 싶은 말을 해주자. 가급적 피상적인 훈계나 교훈을 하지 않도록 노력하자. 마음과 마음이 닿을 수 있도록 따뜻한 말을 해주도록 노력하자. 자녀도 말로 어려움이 해결되지 않는다는 것을 잘 알고 있다. 그러나 나의 말을 들어줄 가족이 있다는 것이 힘이 되고 또 위로가 될 수 있도록 부모와 가족들은 마음을 열고 Z세대 자녀에게 다가가자.

Note.

첫째, 가족 대화의 시간을 갖도록 하자.

둘째, 멋진 저녁 식사 자리를 만들자. 또 가능하다면 여행을 가서 가족 대화의 시간을 갖도록 하자.

셋째, 모든 가족들이 자신의 이야기를 솔직하게 나누도록 하자.

넷째, 무엇보다 Z세대 자녀에게 집중하여, 무엇이 어려운지, 어떻게 도우면 될지에 대해서 이야기를 듣도록 하자.

다섯째, 단, 이야기를 다 듣고 나서 훈계나 교훈, 또는 잔소리를 하지 않도록 하자.

13. 자기계발 : 나는 나를 훈련한다

충무공 이순신은 전쟁 중에도 《난중일기(亂中日記)》를 썼다. 난중일기는 국보 제76호 일뿐만 아니라 유네스코 세계기록유산으로 등재되었다.[324] 이순신은 전쟁 중에도 일상에 대한 매우 자세한 소개를 했다. 난중일기에서 발견된 이순신의 장점 가운데 '유비무환'(有備無患)의 자세를 꼽을 수 있다. 이순신은 전쟁에 대해 체계적으로 준비했다. 임진년(1592년) 4월 12일 일기에, 거북선의 현자(玄字)포와 지자(地字)포를 쐈다고 한다. 거북선을 준비함으로 전쟁 준비를 마쳤는데, 이 때가 임진왜란 발발 하루 전이었다.[325] 임신왜란은 1592년 음력 4월 13일(양력 5월 23일)에 일어났다. 하루 전인 임진년 4월 12일(음력)의 난중일기는 이렇게 기록되어 있다. "12일 맑음. 식후에 배를 타고 거북선의 지자포, 현자포를 쏘았다. 순찰사의 군관 남한이 살펴보고 갔다. 정오에 동헌으로 옮겨 앉아 활 10순을 쏘았다. 관아에 올라 갈 때 노대석을 보았다."[326] 자기 계발을 쉬지 않고 하는 지도자는 자신을 살피듯이 다른 사람도 살핀다. 자기 훈련을 하는 사람은 다른 사람도 훈련시킬 줄 안다. 임진왜란 일어나기 하루 전까지 철저히 준비했다는 것을 본받을 만 하다.

또 이순신은 자기 훈련을 계속했다. 난중일기 여러 곳에 이순신이 자신의 수련을 위해 활의 시위를 당겼다고 기록했다.[327] 전쟁 중에도 이순신은 자기 단련을 위해서 계속 활을 쏘았다. "13일 맑음. 동헌에 나가 공무를 본 뒤에 활 15순을 쏘았다." 이 날은 임진왜란이 일어난 날이다. "14일 맑음. 동헌에 나가 공무를 본 뒤에 활 10순 쏘았다."[328] 자기를 연마한 사람은 역사에서도 좋은 평가를 받게 된다. 지도자는 하루 아침에 만들어지지 않는다. 부단한 자기 반성과 노력의 결과로 훌륭한 리더가 세워지게 된다.

새벽을 깨우는 사람

미국 변호사이자 새벽 기상의 힘을 전파하는 파워 인플루언서 김유진 씨는 ≪나의 하루는 4시 30분에 시작된다≫는 책으로 많은 사람들에게 영향을 주었다. 그녀는 오전 4시 30분에 하루를 시작한다. 4시 30분에 일어나면서 추가로 얻은 시간에 자신의 내면을 바라보게 되었다고 한다.[329] 어느 날, 새벽 4시쯤 눈이 떠졌다. 평소 같으면 다시 잠을 청했을 테지만 유난히 정신이 말똥말똥했다. 출근할 생각을 하니 몸살이 오는 것 같아 홍삼 제조기에 데워져 있던 차를 따라서 식탁 의자에 앉았다. 정말 오랜만에 느껴보는 새벽의 고요였다. '모처럼 일찍 일어났으니 책상 정리나 해볼까?' 하고 일어났다가 그만 두었다. 새벽에 이것저것 아무 것도 하지 못했지만 그날따라 따뜻한 차를 마시며 조용히 여유를 즐겼다. 그렇게 조금 앉아 있자 묘한 안정감이 느껴졌다. 정말 오랜만에 갖는 혼자만의 시간이었다.[330] 김유진 씨는 빈 종이에 현재 문제점, 원인, 해결 방안, 결론을 적을 표를 만든 뒤 생각을 하나씩 정리했다. 아무것도 하지 않고 조용히 머릿속을 정리했던 그 새벽은 자친 그녀 자신

을 위로하는 시간이 돼줬다.[331)]

사람들은 내가 무언가를 더 하기 위해 4시 30분에 일어난다고 생각하지만 사실 나에게 새벽은 극한으로 치닫는 시간이 아니라 잠시 충전하는 휴식시간이다. 즉, 새벽 기상은 그 자체로 열심히 사는 방법이라기보다 계속 열심히 살기 위한 수단이다. 70만 명의 유전자를 분석한 연구에 따르면, 아침형 인간 유전자를 가진 사람들은 그렇지 않은 사람들보다 우울증 위험이 낮고 주관적인 행복감이 높다고 한다.[332)]

새벽은 '자신이 주도하는 시간'이다. 그 밖의 시간은 '운명에 맡기는 시간'이라고 표현한다.[333)] 새벽 4시 30분부터 출근길에 나서기 전까지가 일상의 스트레스를 해소하는 치유의 시간이다.[334)]

새벽에는 생각보다 많은 일이 일어난다. 세상 모르고 잠들어 있을 동안 어떤 사람은 내가 원하는 목표를 이루기 위해 치열하게 공부하고, 어떤 사람은 내가 원하는 위치에 이미 도달한 채 또 다른 목표를 향해 달려가고 있다. 이들에게 새벽은 수면 시간이 아닌 활동 시간이다.[335)] 새벽 기상으로 확보한 시간은 인생의 보너스 타임이다. 하지만 보너스 타임에 실패한다고 해도 본 게임에 실패한 것은 아니다.[336)]

새벽에 일어나다

아침 일찍 일어나는 데는 생각보다 특별한 비법이 없다. 그냥 아무 생각도 하지 않고 눈을 떠서 몸을 일으키는 것이 가장 효과적인 방법이다.[337)] 특별한 약속이 없으면 보통 오후 10시 전에 잠든다. 기상 시간과 취침 시간이 일정하다 보니, 전날 아무리 바빴어도 새벽에 일어나게 되고 저녁에는 아무리 깨어 있으려고 노력해도 잠을 이기지 못한다.[338] 하버드대학교가 학생 61명의 수면 습관과 성적의 상관관계를 연구한 결과에 따르면, 수면 사이클이 규칙적인 학생이 그렇지 않은 학생보다 성적이 더 높았다고 한다.[339]

사람들은 새벽에 운동하면 온종일 피로할 것이라고 착각한다. 하지만 새벽 운동으로 시작한 하루는 독서로 시작한 하루보다 더 상쾌하다. 새벽 운동은 다이어트에도 효과 만점이다.[340] 그리고 평소 손이 가지 않았던 책이 있다면 새벽에 읽어보자. 새벽의 독서는 편안한 마음으로 새로운 지혜를 얻고, 자연스럽게 세상의 흐름을 이해하고, 생각의 틀에서 벗어나는 정도로 즐기면 충분하다. 책으로 날마다 성장하는 스스로의 모습을 보며 큰 성취감을 느낄 것이다.[341]

또 새벽 공부의 장점이 있다. 아침에 공부한 내용을 오후에 복습할 수 있다. 실제로 아침형 인간과 저녁형 인간의 두뇌 기능을 분석한 한 연구 결과에 따르면, 아침형 인간은 두뇌 영역의 연결성이 높아 집중력과 반응속도, 임무 수행 능력 자체가 높다고 한다. 또한 새벽 공부는 불안을 해소해준다.[342]

자기 성장의 방법

시간은 그냥 흘러간다. 김유진 씨는 "이제는 시간 관리를 하지 않는다. 대신 나 자신을 관리한다. 이를 위해 매일 조금씩, 천천히, 하나씩 성장하는 데 집중했다. 그리고 그렇게 목표를 달성할 때마다 의미 있는 보상이 주어졌다."라고 말한다.[343] 김유진 씨는 새벽에 다양한 목표를 달성했다. 그녀는 "주어진 시간을 조금 더 의미 있게 사용하기 위해 주도적으로 생활 습관을 컨트롤했더니, 어느 순간 수영선수가 됐고, 미국 두 개 주의 변호사 자격증을 가진 변호사가 됐고, 안정적인 직장에 취직을 했고, 많은 사람들에게 동기를 부여할 수 있는 유튜버가 됐고, 작가가 됐다."고 말한다.[344] 김유진 씨는 "인생을 바꾸고 싶다면 아무리 사소한 목표일지라도 한 번에 손쉽게 이뤄지길 기대하는 태도를 버려야 한다."고 말한다.[345] 우리는 모두 각자에게 적합한 학습 방식과 페이스가 있다. 그리고 너무 빠르지도, 느리지도 않게 나만의 속도에 맞춰 나가야 슬럼프에 빠지지 않고 꾸준히 발전할 수 있다.[346]

우리는 미국 변호사 김유진 씨의 새벽 기상 습관을 통하여 우리 자신에게 도움이 되는 것을 체크해 보고, 우리가 따라서 할 수 있는 부분이 있는지 살펴보자. 우리 자신의 성장을 위한 조그만 변화를 새롭게 시도하는 노력을 해보자.

Z세대 자녀와 X세대 부모의 콜라보 <자기계발>

우리 가정에서 부모와 자녀가 각각 자기 계발을 위해서 무엇을 시도하면 좋을까? 우선 목표를 정해 보는 것이 좋을 것 같다. 초등학교 다닐 때 방학을 시작하자마자 일일계획표를 그리곤 했다. 몇 시 기상, 무엇을 하고, 몇 시에 취침. 그런데 잘 지켜지지 않는 계획표일지라도 그것을 만들어 놓으면 그것에 따라 시행하게 된 경험이 있을 것이다. 자기 계발을 위해서 X세대 부모와 Z세대 자녀가 함께 목표를 정하고, 그 목표를 이루기 위한 계획표를 만들기를 바란다. 목표를 정하고 구체적인 실행 사항을 정하면 좋을 것이다. 예를 들면 건강을 위해서 운동하기, 아침에 일찍 일어나기, 정기적으로 가족 식사하기, 가족 여행하기, 일 년에 한 권 온 가족 책 읽기. 이런 목표와 실행 계획을 세우기를 바란다. 혼자 하는 것보다 가족이 함께하면 쉽게 이룰 수 있고 또 성취감도 커진다. 가족이 함께 목표를 세워서 자기 계발을 위해서 노력하다 보면 힘들거나 또 포기하기 싫을 때에도 포기하지 않고 끝까지 나아가게 된다. 부모와 자녀가 함께 이룰 목표를 세우자. 그리고 각각 그 목표를 위해서 노력하고 또 구체적인 계획을 세워서 알차게 실행해 보자. 부모와 자녀가 자기 계발을 위해서 같이 노력하고 격려하는 것은 참 아름다운 일이다. 그것은 부모와 자녀 모두를 행복하게 하는 일이다.

Note.

첫째, 자기 계발을 위해서 가족 공동의 목표를 세우자.

둘째, 자기 계발을 위해서 가족이 함께 참여할 수 있는
실행 계획을 세우자.

셋째, 함께 노력하고 피드백을 나누고 또 끝까지 갈 수 있도록
서로 격려하자.

넷째, 작은 목표를 이뤘을 때 서로 축하하고 격려하는 시간을
갖도록 하자.

다섯째, 한 가지를 성취했을 때, 다음 목표를 정하고 다시 도전하자.

14. 독서 : 인생을 세우는 힘

본깨적: 저자의 관점에서 보라, 깨닫고 적용하라

박상배 작가는 독서경영 컨설턴트다. 그는 안경사였으나 독서를 통하여 우울증과 패배감이 극에 달한 절망의 상황에서 벗어났다. 그는 ≪본깨적≫ 독서법으로 많은 사람들에게 좋은 영향을 주었다. 그는 안경원에서 일할 때 250만 원의 월급을 받다가, 독서경영강사로 많이 받을 때는 1570만 원까지 받게 되었다.[347]

〈 표24 〉 본깨적 독서법[348]

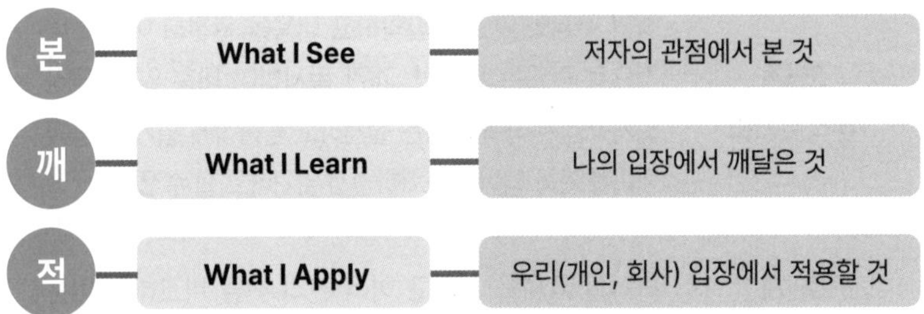

박상배 작가는 독서법을 강의하는 중에 수많은 사람들을 변화시켰다. 그들은 독서를 통하여 위기에서 벗어나 새로운 삶을 살게 되었다고 한다.

본깨적 독서법은 '저자의 관점으로 보고', '깨닫고 적용하는 것'이다. 먼저 본깨적 책 읽기는 제대로 보는 것부터 시작한다. 책을 제대로 보려면 저자의 관점에서 보려고 해야 한다. 저자가 자신의 경험을 통해 터득한 삶의 메시지를 발견해야 한다. 책을 읽고 평가하는 능력을 키워야 한다. 그러나 어디까지나 저자가 무슨 이야기를 하려고 했는지 제대로 읽고 핵심을 파악한 이후에 평가하려고 해야 한다.

〈 표25 〉 모티머 애들러의 3단계 독서법[349)]

단 계	내 용
1단계 개관 독서법	전체를 꼼꼼히 다 읽지 않고, 한 번 쭉 훑어보고 필요한 부분만 골라 읽는 방법.
2단계 분석 독서법	책의 주제와 구조를 파악하고 내용을 완전히 이해해 내 것으로 만드는 독서법. 개관 독서법이 대충 읽기, 골라 읽기라면 분석 독서법은 철저하고 꼼꼼하게 읽기, 내용과 의미를 꼭꼭 씹어서 소화하면서 읽기라고 할 수 있다.
3단계 종합 독서법	하나의 주제를 가지고 여러 권의 책을 비교하며 읽는 독서법, 주제별 독서법, 연역법적 독서법이라고도 한다.

다음은 저자의 관점에서 책을 본 다음에 깨닫는 것을 철저하게 '나'의 관점에서 깨달아야 한다. 깨달음에는 정답이 없다. 옳고 그른 것도 없다. 그래서 깨달음이 중요하다. 깨달은 것은 삶을 변화시킬 수 있는 동력이 된다. 깨달음은 변화의 시작이다. 생각이 바뀌면 행동이 바뀌고, 행동이 바뀌면 습관이 바뀌고, 습관이 바뀌면 인생이 바뀐다. 깨달은 것을 현실로 만들어주는 것이 '적(용)'이다. '적'은 구체적일수록 실현 가능성이 높아진다. 막연하게 적용해서는 안 된다. 깨닫는 것의 주체가 '나'인 것에 비해 적용의 주체는 범위가 좀 더 넓다. 나뿐만 아니라 가족, 친구, 직장동료 등 나와 함께하는 모든 사람으로 확장시켜 나갈 수 있다.

책 읽는 방법

시카고대학교의 로버트 허친스 총장과 《독서의 기술》을 쓴 모티머 J. 애들러는 시카고대학에서 고전 100권을 핵심 커리큘럼으로 가르치겠다는 플랜을 실행했다.[350] 모티머 애들러(Mortimer J. Adler)의 3단계 독서법을 소개하면 다음과 같다. 1단계는 개관 독서법으로, 말 그대로 책을 대충 보고 필요한 부분만 골라 읽는 것이다. 개관 독서법은 여러 사람들이 인정한 훌륭한 책 읽기 방법 중 하나다. 2단계는 분석 독서법이다. 책의 주제와 내용을 완전히 파악하고 이해해서 내 것으로 만드는 독서법이다. 3단계는 종합 독서법이다. 책 읽기의 최고봉이라 할 수 있는 독서법으로, 여러 권의 책을 주제별로 읽는 방법이다. 종합 독서법에는 개관 독서법과 분석 독서법이 포함되어 있다.[351] 아래에 대한민국의 석학의 한 사람으로 독서를 통하여 자신의 인생을 세운 사람을 소개하고자 한다.

좋은 책을 만나다

김형석 교수는 1920년생이다. 대한민국 1세대 철학자인 그는 평생 학문 연구와 집필에 심혈을 기울였다. 그는 유명한 저자이기도 하지만 먼저 책을 읽는 사람이었고, 독서가 그의 인생을 든든하게 세워주었다.

그는 평양의 숭실중학 입학했지만, 처음 1년 동안에도 교과서 외의 독서는 그는 모르고 살았다. 중학교 2학년 때 전문학교 학생들이 이용하는 도서관에 갔다. 거기서 ≪전쟁과 평화≫라는 3권으로 된 책을 발견하고 읽었다. ≪전쟁과 평화≫를 끝내고 나니 자신이 인생의 한 고비를 넘긴 것 같은 기분이 들었다. 갑자기 어른이 된 것 같아, 학교 교과서에서 배우는 내용들이 유치해 보이기도 했다. 그 뒤 기독교 사상을 바탕으로 하는 종교 서적들을 읽었다. 몇 해 후 일본에 갔더니 일본은 완전히 톨스토이의 왕국 같은 분위기였다. 다시 톨스토이의 ≪부활≫을 읽었다. 그 뒤 ≪안나 카레니나≫를 읽고 다시 자극과 감명을 받았다.[352)]

그 뒤에 한국 문학에 눈뜨게 되었다. 처음 읽기 시작한 것은 춘원 이광수(李光洙)의 작품들이었다. ≪흙≫, ≪유정≫을 읽었다. ≪사랑≫도 읽었다. 그때 춘원을 읽은 것은 한국 문학을 읽고 이해하는 데 이정표가 되었다. 심훈(沈熏)의 ≪상록수≫와 ≪영원의 미소≫도 읽었다. 김동인의 단편도 읽었다.[353)] 그러나 김형석 교수가 연세대학교에 강의를 시작하면서 읽은 책의 대부분은 철학에 관한 것들이었다. 독서가 그의 인생에 커다란 변화를 가져왔다. 그 일이 계기가 되어 그의 삶이 문학과 종교에서 철학으로 바뀌게 되었다.[354)]

톨스토이의 ≪참회록≫을 읽었고, 루소(J.J.Rouseau)의 ≪참회록≫을 읽었고, 아우구스티누스(A. Augustinus)의 ≪고백록≫을 읽었다. 톨스토이의 ≪인생론≫도 읽었다.[355] 또한 김형석 교수는 조지 워싱턴, 에이브러햄 링컨, 톨스토이, 셰익스피어, 예수 그리스도, 나폴레옹 등 그런 인물의 전기를 읽었다. 김형석 교수는 나이가 들어서 전기를 읽었다는 것이 인생의 큰 혜택이었다고 고백했다. 또 벤저민 프랭클린(B. Franklin)의 ≪프랭클린 자서전≫과 알베르트 슈바이처(A. Schweitzer)의 ≪나의 생애와 사상≫을 인상 깊게 읽었다. 대학 예과 때 존 스튜어트 밀(J. S. Mill)의 ≪자서전≫을 읽었다.[356] 독서는 몸의 건강을 위한 좋은 음식물과 같아야 한다. 달콤하다고해서 건강과 성장에 해로운 독서에 빠져서는 안 된다. 또한 김형석 교수는 아쿠타가와 류노스케를 소개했다. 당시 도쿄(東京)대학교를 중심으로 형성된 이들의 문학적 흐름에서 노벨상 수상자가 나왔다고 소개한다.[357] 또 구라타 하쿠조의 ≪사랑과 인식의 출발≫, ≪출가와 그 제자≫와 아베 지로 교수의 ≪산타로≫를 읽었다. 또한 파스칼의 ≪팡세≫를 읽었다.[358]

위대한 사상가들을 만나다

김형석 교수가 대학을 다닐 때 쇠렌 키에르케고르(S. Kierkegaard)와 프리드리히 니체(F. W. Nietzsche)의 책을 읽었다. 니체의 ≪선악의 피안≫, ≪차라투스트라는 이렇게 말했다≫를 읽었다. ≪사람과 초인≫도 읽었다. 키에르케고르의 ≪이것인가 저것인가≫, ≪불안의 개념≫, ≪죽음에 이르는 병≫, ≪철학적 단편≫, ≪철학적 단편 후편≫을 읽었다.[359] 아우구스티누스의 ≪고백록≫, ≪신의 나라≫(신국론)는 좋은 책이다.[360]

김형석 교수는 헤겔의 ≪정신현상학≫, ≪역사철학≫을 읽었다. 헤르베르트 마르쿠제(H. Marcuse)의 ≪이성과 혁명≫, 에리히 프롬(E. Fromm)의 ≪자유로부터의 도피≫를 읽었다.[361] 평생 학문을 하고 강단에서 가르친 김형석 교수에게 이런 책들은 그의 인생을 세우는 책이 되었다. 또한 김형석 교수는 쇼펜하우어의 ≪의지와 표상(表象)으로서의 세계≫를 읽었다.[362] 어떤 책을 읽고 사색하는가에 따라 읽는 사람의 생애가 달라질 수 있다. 베르그송의 ≪도덕과 종교의 두 원천≫은 고전으로 불린다.[363] 미국 실용주의 철학자 윌리엄 제임스의 ≪종교적 체험의 여러 현상≫, ≪프래그머티즘≫이 있다.[364] 토인비의 책도 많은 도전을 주었다.[365]

독서를 통한 사색

칸트를 알게 되면 칸트가 하나의 이정표가 되어 철학적 연구 활동의 지표가 될 것이다. 고민은 칸트를 공부하다 보면 칸트 철학 속에 빠져 헤어나올 수 없게 될 것이라는 우려다. 그래서 너무 일찍 칸트에게만 매달리는 것은 지혜롭지 못하다.[366] 김형석 교수에게 역사의 순서에 따라 철학의 중요 저서를 읽는 작업은 상당히 긴 세월이 필요했다.[367] 우리는 자신의 인생을 세워나가기 위해서 어떤 책을 읽고 있는지 점검해 보아야 한다. 또 앞으로의 생애를 위해서 무슨 책을 읽을 것인지 목록을 정하고 독서에 도전해 보아야 한다. 가능하다면 2년 안에 100권 독서에 도전할 수 있기를 바란다. Z세대 자녀도, 그리고 X세대 부모도 각각 읽을 도서 목록을 정해 놓고 부지런히 책을 읽어간다면 김형석 교수 못지 않은 성취감을 누리게 될 것이다.

어떻게 읽을 것인가

일본인의 독서열은 높다고 한다.[368] 김형석 교수가 볼 때 "우리 학생들은 '학문'을 하는 것이 아니라 '공부'를 한다. 따라서 체계적이며 문제의식을 갖춘 독서와는 담을 쌓고 있다.[369]" 뿌리에 해당하는 것이 사상적 고전이며, 줄기의 역할을 담당하는 것이 체계적인 학문과 지식이다.[370]

김형석 교수는 "베스트셀러를 읽을 필요가 없다는 것은 아니지만, 베스트셀러보다 좋은 책은 얼마든지 있다"고 말한다. 문제는 독서 수준이 낮거나 유행에 민감한 사회에서는 베스트셀러를 가려 읽어야 한다는 점이다. 적어도 고전에 해당하는 책은 1세기쯤은 생명을 유지해야 한다.[371]

1929년 미국 시카고대학교의 총장으로 부임한 로버트 허친스(R. Hutchins)도 세계의 위대한 고전 100권 읽기 프로젝트인 '시카고 프랜'을 시작해 시카고 대학교를 세계적인 대학으로 끌어 올린 것으로 유명하다. 그 뒤로부터 '꼭 읽어야 할 100권'이라는 식의 개념이 보편화되었다.[372] 김형석 교수는 "모든 지성인은 독서해야 하고, 어떤 책이 좋으며 꼭 읽어서 도움이 되는가 하는 문제는 독서인 자신이 선별해야 한다.[373]"라고 말한다. 김형석 교수는 고전 읽기를 강조했다. 또한 김형석 교수는 '인간과 사회의 본질을 알려면 고전을 읽어라'라고 말한다.[374] Z세대 자녀와 X세대 부모는 각각 어떤 책을 읽고 감동 받았는지 서로 피드백을 나눠보자. 어떤 책이든지 감동 받은 것이 반드시 있을 것이다. 그 기억을 끄집어 내보자. 그리고 그 책보다 더 좋은 책이 없는지 찾아보자. 부모와 자녀가 함께 독서의 습관을 이어가는 것은 매우 좋은 일이다. 독서가 나를 바꿀 것이며, 또 독서가 가정과 회사를 새롭게 해 줄 것임을 기억해보자.

Z세대 자녀와 X세대 부모의 콜라보 <독서>

독서의 중요성 아무리 강조해도 지나치지 않다. 그러나 실제로 독서의 습관을 갖는 것은 쉽지 않다. 통계청 조사에 따르면 20~39세의 독서 인구 비중은 2011년 약 76%에서 2021년 약 56%로 크게 줄어들었다. 젊은 세대의 연간 독서 권수 역시 17권에서 9권으로 줄었다.[375] 신세대인 Z세대는 자신의 삶을 위해서 독서에 도전해 보아야 한다. 평생 동안 읽어야 할 책 100권을 정해서 조금씩 독서를 시작해보자. X세대 부모들은 남은 인생의 발전을 위해서 읽어야 할 책의 목록을 정해보자. 또한 1년에 가족들이 함께 읽어야 할 책을 한 권씩 정해서 앞으로 10년 동안 함께 읽고 독서 토론을 해보자. 분명히 가족이 변하게 될 것이다. 부모와 자녀들이 독서를 통하여 큰 진보를 경험하게 될 것이다. 책을 읽지 않는 민족에게는 희망이 없다. 그리고 책을 읽지 않는 다음 세대에게도 희망이 없다.

Note.

첫째, 평생 읽어야 할 인문학 도서 100권의 목록을 정하고 독서를 곧바로 시작하자.

둘째, 1년에 최소한 10권 이상을 읽도록 노력하자.

셋째, 가족들이 일 년에 한 권은 다같이 독서할 책을 정해서 꼭 읽고, 독서토론을 하자.

15. 심리 : 감정을 통제하는 능력

이순신은 극도의 스트레스를 잘 이겨냈다. 이순신의 두 번째 백의종군은 난중일기에 기록되지 않았다. 그러나 그가 풀려난 후 정유년(1597년) 4월 1일 이후의 일기를 살펴보면, 이순신이 어려움을 잘 극복한 것을 볼 수 있다. 옥문을 나온 후, 이순신은 여러 사람의 위로를 받았다. 4월 2일에는 류성룡과 밤을 지새우며 이야기를 나눴다. 이순신은 억울함과 어머니를 잃은 슬픔을 잘 이겨냈다.[376]

"1일 맑음. 옥문(獄門)을 나왔다. 남대문 밖 윤간의 종집에 이르니, 조카 봉, 분과 아들 울이 윤사행, 원경과 더불어 한 방에 함께 앉아 오래도록 이야기했다. 윤지사가 와서 위로하고 비변랑 이순지가 와서 만났다. 더하는 슬픈 마음을 이길 길이 없었다. (중략) 영의정이 종을 보내고 판부사 정탁, 판서 심희수, 우의정 김명원, 참판 이정형, 대사헌 노직, 동지 최원, 동지 곽영이 사람을 보내어 문안했다."[377] 이순신은 생사를 넘나드는 극한 상황 속에서도 자신을 잘 이겨냈다. 무엇보다 자신의 슬픈 감정, 억울하고 비통한 마음을 잘 이겨냈다. 자기 자신을 잘 극복하는 사람이 훌륭한 사람이다.

또한 이순신은 부하들과 적절한 의사소통을 하는 기술을 가졌다. 그는 부하들과 수시로 작전에 대해서 의논했다. 그의 비전이 적절한 의사

소통을 통해 부하들에게 전달됐다.[378] 난중일기에서 이순신은 자신의 감정에 비교적 솔직한 면을 보였다. 원균에 대한 부분을 보면 적나라한 부분도 있다. 이순신은 자신의 감정을 숨기지 않는 동시에, 자신의 마음을 잘 정리하고 부하들과의 소통에 나섰다. 자기 감정을 통제할 수 있는 사람이 다른 사람과의 소통도 원만하게 할 수 있는 것이다.

서로를 이해하기 위하여

스위스의 정신의학자 폴 투르니에(Paul Tourier)는 '서로를 이해하기 위하여', "자신을 표현하라"라고 말한다. 모든 사람은 자신을 표현해야 한다. 그러나 건강하게 말해야 하고 상대방은 주의깊게 경청해야 한다.[379] 건강한 자아가 필요한 이유가 자기가 하고 싶은 말을 상대방을 배려하는 가운데 말하고 그리고 듣는 사람 역시 말하는 사람을 배려하면서 들어주어야 한다. 건강한 자아를 가지고 건강하게 표현하는 훈련이 필요하다. 부정적으로 생각하고 부정적으로 말하는 것도 하나의 습관이 될 수 있기 때문이다. 우리는 자신에 대해서, 그리고 상대방에 대해서 긍정적으로 생각하고 자신이 하고 싶은 말을 솔직하면서도 예의를 갖추어서 하는 훈련을 해야 한다.

기분이 태도가 되지 않게

중국의 대표적인 심리 상담 플랫폼 '레몬심리'에서 펴낸 ≪기분이 태도가 되지 않게≫는 심리에 대한 좋은 내용을 담고 있다. 기본적으로 내 감정은 내 책임이라는 것을 인지해야 한다. 자신의 기분을 통제하는 데 능숙한 사람은 존경 받을 사람이다. 안 좋은 감정을 남에게 전달하지 않기 위해서 노력하는 사람이 진짜 어른이다.[380]

우리는 외부 환경과 머릿속 생각이 기분을 좌지우지한다고 생각한다. 하지만 아주 중요한 변수가 하나 더 있다. 바로 체력이다. 몸 컨디션은 감정에 지대한 영향을 미친다. 뚜렷한 이유 없이 기분이 안 좋을 때면 자신에게 세 가지 질문을 던져보자. 첫째, '밥은 제대로 챙겨 먹었나?' 둘째, '요즘 잠은 제대로 잤나?' 셋째, '운동은 좀 하고 있나?'[381]

다른 사람에게 지적을 받았을 때 어떤 태도를 보이는가는 매우 중요하다. 좋은 태도를 보이는 사람보다는 감정이 앞서는 사람이 훨씬 많이 보인다. 문제를 지적받았을 때 자신이 공격받았다고 느끼는 사람들이 있다. 공격을 받았다는데 기분이 좋을 리 없다. 누군가가 문제 제기를 한다면, 그 말에서 감정을 분리하는 버릇을 들여라.[382]

"넌 왜 이렇게 불만이 많아?" 무엇이 내 마음에 그렇게 안 들었을까? 지금 생각해보면 그렇게까지 거슬릴 일도 아닌데 습관적으로 불평을 했던 것 같다. 자신이 얼마만큼 불만족스러운지를 밖으로 표현해봐야 상황은 전혀 나아지지 않는다. 미국의 유명한 목사인 윌 보웬은 '불평 없이 살아보기'라는 캠페인을 시작했다. 21일간 보라색 밴드를 한쪽 손목에 차고 다니다가, 스스로 불평하고 있다는 걸 알아차릴 때마다 밴드를 다른 팔목에 옮겨 차고 처음부터 다시 시작하는 캠페인이다. 많은 사람들이 이 캠페인을 환영하며 기꺼이 동참했고, 불평하는 습관을 고치는 데 큰 도움을 받았다. 나에게 불평하는 습관이 있는지를 깨닫는 과정이 가장 중요하다.[383)]

자아 정체성이란 개인이 자신의 경험을 바탕으로 내가 누구인지를 스스로 되돌아보는 것이다. 궁지에서 벗어날 수 있는 해결책은 자아 정체성을 확립하는 것이다.[384)]

우리는 상대방이 내 말을 듣지 않는다고 화를 내고, 일이 뜻대로 되지 않는다고 화를 낸다. 그렇다면 이렇게 생각해보자. 왜 상대방이 당신의 말을 꼭 들어야 하는가? 왜 모든 일이 원하고 기대하는 대로 착착 진행되어야 할까? 입장을 바꿔서 생각해볼 필요가 있다. 화가 나면 감정을 통제하기 어려워져서 남에게 상처주는 말을 쉽게 내뱉는다. 이때 잠시 정신을 차리고 심호흡을 해보자. 숨을 3초간 들이쉬고 2초간 내쉬기를 3번 반복하는 아주 단순한 호흡이다. 또 화가 나기 직전에 마음속으로 일시정지 버튼을 눌러라.[385)]

내 기분까지 망치는 사람들과 거리 두는 방법

남에게서 가장 경계해야 할 감정은 우울감이다. 남의 기분에 영향 받지 않기 위해서는 기분의 출처를 명확히 해야 한다. 타인에게 전염된 기분이라고 판단되면, 과감하게 쳐내는 연습을 해보자.[386)]

부정적인 에너지를 뿜는 사람들에게서 공통적으로 나타나는 특징을 살펴보자.

1. 지나친 자기애에 빠진 사람. 자신과 무한한 사랑에 빠져 있는 사람은 자기 빼고 모든 사람이 무능하다고 생각한다.
2. 과거를 자꾸 소환하는 사람. 행복했던 과거와 지금의 처지가 뚜렷한 대비를 보이면 현실을 부정하고 싶어진다.
3. 불평이 끊이지 않는 사람. 부정적인 에너지를 안고 사는 사람을 만나면 어딘지 모르게 불편함이 느껴진다.
4. 늘 “아니”라고 말하는 사람. 그들은 방어적으로 문제를 바라보고 모든 일에 비판적인 태도로 일관한다.
5. 다른 사람에 대해 안 좋은 이야기를 많이 한다. 이런 사람들 때문에 힘들다면, 그들을 대하는 방법을 익혀야 한다. 절대, 마음의 준비 없이 그들을 만나지 마라. 그리고 독립적인 사고 능력을 기르고, 주변에 좋은 사람을 두어야 한다.[387)]

기분을 내 편으로 만들면 인생이 달라진다

나에게 해당되는 내용이 있는 체크해보자. ‘퇴근 후 사람과 연락하는 횟수가 적다.’ ‘일상에서 즐거움을 느끼지 못한다.’ ‘집에 혼자 있는 시간이 많다.’ ‘몸이 아파도 귀찮아서 병원에 가지 않는다.’ ‘청소를 하지 않아서 방이 항상 지저분하다.' '좋아하는 음식만 먹고 새로운 음식은 입에 대지 않는다.' 언뜻 보면 게으른 사람의 특징 같지만 이것은 자기 자신을 방치하고 무시하는 사람에게 나타나는 특징이다. 인생에 열정이 결여되고 무기력한 상태라고 볼 수 있다. 이런 상태가 오래 지속되면 감정이 무뎌져서 다른 사람과 깊은 관계를 맺기 어려워진다. 이런 감정적 억제를 극복하기 위해서는 자신에 대해 궁금해하고 호기심을 가져야 한다. 그리고 자신의 가치관을 되도록 자주 상기해야 한다. 또 친한 친구에게 하는 것처럼 나 자신을 위로해주고 기분을 풀어주자.[388)]

비합리적 신념을 갖고 있으면 다음과 같은 특성이 나타난다. 첫째, "반드시 ~해야만 한다"라는 말을 즐겨 쓴다. 둘째, 지나치게 과장한다. 셋째, 어떤 일이든지 최악의 결과를 상정한다. 넷째, 힘든 상황을 잘 견디지 못한다. 만약 당신에게 이러한 특징이 있다면 자신이 어떤 비합리적 명제를 믿고 살아가고 있는지 한번쯤 되돌아보자.[389)]

사람들은 정작 자신과의 관계는 그만큼 중요하게 여기지 않는다. 왜일까? 과거에 저지른 잘못을 잊지 못하기 때문이다. 단점을 당당하게 받아들이지 못하기 때문이다. 자신의 욕구를 숨기며 자기 존재감을 낮추기 때문이다. 그러나 자기 자신과 잘 지내는 사람이 행복한 일상을 사는 법이다. 자신을 좀 더 너그럽게 대한다면 진정한 즐거움을 더 많이 느낄 수 있을 것이다.[390)]

대만의 미학자 장쉰은 동료에게 대리 수업을 부탁받아 강의실에 들어갔다. 그는 학생들에게 조금 독특한 자기소개를 제안했다. 거울을 보며 자화상을 그린 다음 그림을 설명하며 소개하는 방식이었다. 자기소개가 끝난 강의실에서는 오랫동안 아무 소리도 들리지 않았다. 학생들은 조용히 자리에서 눈물을 흘리고 있었다. 나중에 한 학생이 장쉰을 찾아가 말했다. “거울에 비친 나를 한참 동안 바라보고 나 자신에 대해 알아간 경험은 처음이었어요.” 학생들은 거울에 비친 자신의 모습을 그리면서 깊숙이 숨어 있던 진짜 자기를 보았다. 상유심생(相由心生), 외모는 마음에서 생겨난다는 뜻이다. 사람은 각자의 얼굴에 세월의 흔적을 새기며 산다. 가장 먼저 거울을 보고 얼굴을 자세히 들여다보자. 자화상을 그리며 자신의 심리상태를 진단해보는 것도 좋다.[391)]

어떤 사람이 눈에 거슬리면 그 사람이 뭘 해도 마음에 들지 않는다. 이것의 심리학적 근거는 ‘확증 편향’이다. 자신의 신념과 결정에 부합하는 정보에만 지나치게 주목하는 것을 말한다. 사람은 각자의 관점을 갖기에 확증 편향에 빠지기 쉽다. 어떻게 하면 확증 편향에 빠지지 않을 수 있을까? 딱 하나, 그것이 거짓임을 증명하면 된다. 거짓을 증명하는 가장 전형적인 방법은 시행착오다. 확증 편향을 줄이려는 노력을 해야 상황을 정확히 읽는 분별력이 생기고 사람을 제대로 보는 안목을 가지게 될 것이다.[392)]

무딘 성격의 사람들은 누적된 스트레스가 마음이 감당할 수 있는 용량을 훌쩍 넘겨버렸다는 것을 눈치 채지 못한다. 몸의 한군데가 아프고 나서야 자신이 지치고 힘들었다는 것을 깨닫는 경우가 많다. 몸의 경고 신호를 심각하게 받아들이게 됐다면 그것이 자신을 돌보는 일의 시작이기 때문이다. 스트레스가 자신을 망가뜨리는 것을 자각했다면, 스트레스와의 싸움을 시작해야 한다. 누구에게나 자기만의 스트레스 해소 방법이 있어야 한다.[393]

우리가 감정에 대해 오해하는 것들

우울증인 친구에게 너무 가볍게 조언하는 실수를 하기도 한다. "나가서 햇빛이라고 쬐어봐." "규칙적으로 운동하면 우울증에 좋대." 틀린 조언이 아니다. 그러나 의지로 이겨내야 한다고 쉽게들 말하지만 의지가 도무지 생기지 않는 것이 우울증이다. 우울증 환자들은 침대에서 몸을 일으키는 것 조차도 전쟁을 치르듯 힘들어한다. 우울증의 고통은 겪어본 사람만이 안다.[394]

폴린과 수잔은 '가면 증후군'이라는 심리적 현상을 발견했다. 가면 증후군이란 외부적으로는 이미 성공을 이뤘지만 스스로 자신의 업적을 끊임없이 의심하는 증상을 뜻한다. 가면 증후군의 간섭에서 자유로울 수 있는 방법을 알아보자. '자신의 성취를 적어본다.' 자신이 이룬 성과와 그 성과를 이끌어냈던 요인을 정확하게 적어보자. '가면을 벗고 자신의 나약함을 공유하라.' 믿고 의지하는 친구에게 마음속 가득한 두려움과 초조함을 털어놓으면 스트레스 해소에 효과적이다. '완벽주의 성향을 버려라.' 완벽주의 성향이 있는 사람들이 가면 증후군을 겪는다. '무엇보다 중요한 것은 스스로의 가면 증후군을 인정해야 한다.'[395)]

대부분 예상하는 행복의 기준과 행복지수가 다른 이유는 '적응성 편견' 때문이다. 적응성 편견이란 자신의 적응력이나 대처 능력을 과소평가하는 반면, 어떤 일이 인생에 미칠 안 좋은 영향을 과대평가하는 것을 말한다. 그런데 기억해야 할 것이 있다. '좋은 일이 주는 기쁨은 오래가지 않는다.' '인간은 불리한 환경에도 어느새 적응한다.' 기쁨에도 슬픔에도 우리는 생각보다 빠르게 적응한다.[396)]

지나친 낙관주의적 태도를 '낙천적 편견'이라고도 말한다. 이는 자신에게 긍정적인 사건이 발생할 확률이 다른 사람에 비해 높다고 인식하는 경향을 말한다. 지나친 낙관주의자는 미래에 대해 상상을 초월하는 기대감을 갖는다. 자신의 미래는 언제나 최선의 방향으로 발전할 것이라고 생각한다. 하지만 현실은 그리 순조롭지 않다. 결국 그들을 기다리는 것은 실망뿐이다. 지나치게 긍정적인 사람들은 실패에서 교훈을 얻지 못한다. 그래서인지 항상 같은 자리에서 반복적으로 넘어진다. 또 지나친 낙관은 위험에 대한 경각심을 잃게 한다. 지나친 낙관은 머릿속을 흐리게 만든다.[397)]

감정 억제에 따른 후유증이 있다. 감정 억제는 단지 의식적으로 어떤 생각이나 감정을 통제할 뿐, 우리가 어디서 환영받는 사람이 되는 데 도움이 되지 않는다. 어떻게 고칠 수 있을까? 먼저 자신이 무엇을 어떻게 느끼는지 살펴야 한다. 감정을 억누르는 사람은 감정이 생길 것 같은 조짐이 보이면 재빨리 무의식에 넣어버린다. 일단 자기의 느낌을 스쳐 보내지 말고 직시할 용기를 내야 한다. 꾸준히 운동해야 근력이 생기듯이 감정을 표현하는 연습도 조금씩 꾸준히 해봐야 는다.[398]

나쁜 감정으로부터 나를 지키는 연습

불안함은 대개 너무 많은 생각에서 비롯된다. 이들의 문제는 생각 그 자체에 있다. 뭔가를 해야 한다는 생각은 가득하지만 실행에 옮기지는 않는다. 먼저 이루기 쉬운 작은 목표를 세워보자. 매일 한 발짝씩 실행에 옮기다 보면 보다 계획적으로 난관을 극복할 수 있다.[399]

나쁜 기억이 오래가는 근본적인 원인은 그 당시에 감정을 바로바로 처리하지 않은 데에 있다. 제대로 표현하지 못하고 스스로 해소하지 못한 감정의 응어리는 마음속에 그대로 남아 있다. 정말 강한 사람은 상처를 한 번도 받지 않은 사람이 아니다. 상처가 있지만 그것을 직시하고 이겨내 더 나은 내가 된 사람이다.[400]

허세는 역효과를 불러 일으킨다. 과도한 허영심은 왜곡된 자존심이자 허울만을 추구하는 성격적 결함이다. 허영만을 좇는 사람의 최후는 득보다는 실이 많다. 허영심의 이면에는 과도한 열등감과 자부심이 숨어 있다. 열등감에 사로잡힌 사람인 경우 자신감을 갖도록 노력해야 한다.

허영심이 없는 사람은 세상에 없다. 마음을 지배하려는 허영심을 잘 다뤄서 좋은 쪽으로 사용해보자.[401)]

남의 행복을 지켜보는 것은 여간 힘든 일이 아니다. 질투하는 감정이라도 들면 엄청난 에너지를 소비하게 된다. 그뿐만 아니라 부정적인 감정을 쌓아두면서 정작 자신이 추구하는 중요한 가치를 소홀히 하게 된다. 질투는 자신에 대한 불신에 뿌리를 두고 있기 때문에 이를 인정하는 것도 쉬운 일은 아니다. 질투심은 비교에서 나오는 감정이다. 사실 더 정확한 동기부여 방법은 다른 사람과의 비교가 아니라 자기 자신과의 비교에서 이루어진다. 오늘의 자신이 어제의 자신보다 더 발전했다면 그것 또한 큰 희열이 된다. 삶의 무게중심을 남에게서 자신에게로 옮겨 오면 불필요한 질투에 에너지를 덜 쓰게 될 것이다.[402)]

왜 우리는 무엇을 잃어버리거나 어떤 일을 겪어야 비로소 소중한 것을 깨닫게 될까. 심리학에서 '반사실적 사고'를 말한다. 후회를 할 때, 현실에서 일어난 일과 다른 결과를 상상하는 것을 말한다. 현실과 가상의 차이가 매우 크면 상대적으로 나쁜 쪽이 종종 더 부각된다. 어떻게 하면 후회의 고통에서 벗어날 수 있을까? 첫째, 또 다른 결과를 생각하라. 둘째, 후회의 힘을 긍정적으로 활용하라. 셋째, 후회라는 변수를 고려하라.[403)]

우리는 진짜 배고픔과 가짜 배고픔을 혼동하는 경우가 많다. 가짜 배고픔은 감정적인 허기를 몸의 허기로 착각하기 때문에 생긴다. 감정적

허전함이 오랫동안 지속되면 우리는 배고픔과 공허함을 구분하지 못하게 된다. 우리는 힘들 때면 습관적으로 무엇을 먹음으로써 스스로 위로한다. 심리적 배고픔은 음식으로 채워지지 않는다. 당장은 일상에 집중하는 방법이 가장 좋고, 근본적으로는 자신을 위로하는 방법을 천천히 알아가는 것이 좋다. 그제서야 마음의 공허함이 비로소 채워질 것이다.[404]

분노는 현실을 오해할 때 비롯되기도 한다. 자신의 오해를 인정하는 것만으로도 분노는 사라질 수 있다. 시인 소동파는 "내 눈으로 세상을 보면 나쁜 사람이 하나도 없다"라고 말했다. 누구나 부러워할 만한 마음의 상태다. 자신의 마음이 긍정적으로 변하면 우리가 바라는 세상도 자연스럽게 긍정의 에너지로 가득 찰 것이다.[405]

결혼과 가족생활 영역에서 세계적 권위를 가진 상담가 게리 채프먼은 인간관계에서의 분노를 다스리기 위해서는 다섯 가지 단계를 거쳐야 한다고 말한다. 첫째, 화가 났다는 사실을 정확히 인식한다. 둘째, 분노에 휘둘리지 말고 행동을 통제한다. 셋째, 분노를 일으킨 근본적인 원인을 찾는다. 우리는 뭉뚱그려 '분노'라고 생각하지만, 근본적인 원인은 항상 따로 있다. 넷째, 선택 가능한 방안을 분석한다. 스스로 생각하는 해결 방법을 모두 적은 다음 혼자 천천히 소리 내어 읽어보자. 다섯째, 건설적인 조치를 취한다. 분노는 '에너지'가 되어 나의 발전을 위한 동력이 되기도 한다.[406]

가면성 우울증을 겪는 사람은 대부분 위장의 달인이 되었기 때문에 가까운 사람들조차도 이상한 점을 눈치 채기가 쉽지 않다. 그들은 진짜 모습을 감춰야만 사람들의 관심을 받을 수 있다고 생각한다. 그들에게는 과거에 누군가에게 마음을 열었다가 무시당했거나 상처를 받았던 경험이 있을 확률이 높다. 털어놓고는 싶지만 친구에게 부담이 될까 선뜻 시도하지 못한다. 편안하게 이야기를 나눌 수 있는 사람을 찾아봐야 한다. 친구도 좋고, 가족이나 상담사, 혹은 아예 모르는 사람이어도 좋다.[407]

Z세대 자녀와 X세대 부모의 콜라보 <심리>

우리는 '팀워크'를 가져야 한다. "팀 경기란 정말 어려운 것이다. 때로는 바로 당신 덕분에 팀이 경기에서 이길 수도 있다. 하지만 때로 당신은 마치 거기 없는 사람처럼 취급되기도 한다. 자신의 성공이 아닌 팀 전체의 성공을 최우선에 둠으로써 팀에 영향을 끼칠 수 있다. 진정으로 팀을 생각하고, '우리'를 생각해야 한다. 나 자신을 포기하자, 그러고 나서야 인생 자체가 다름 아닌 팀 경기란 사실을 깨닫게 된다.[408]

우리 자신이 건강한 자아를 가져야 한다. 그래야 가정이 행복해질 수 있다. 직장과 학교에서도 구성원 한 명 한 명이 건강한 자아를 가져야만 한다. 사실 가정 안에서 부모와 자녀의 의사소통이 쉽지 않다. 서로의 기분이 좋지 않을 때 대화가 되지 않는 것은 부모나 자녀 모두가 자신의 감정을 통제하지 못하기 때문이다. 가정에서 자신의 감정을 통제하기 위해서 부모와 자녀가 서로 '타임아웃'을 약속해보자. 부모는 잔소리하고 자녀는 반항하는 프레임에서 벗어나기 위해서 서로의 감정을 존중하는 가정이 될 수 있도록 최소한의 약속을 해보자. 그리고 약속한 타임아웃 시간이 지난 후에 다시 부모와 자녀가 대화할 수 있도록 노력해보자. 부모와 자녀가 가정에서 감정 조절을 할 수 있다면, 직장과 학교에서도 자신의 감정을 조절하는 사람이 될 수 있다.

Note.

첫째, 가족의 행복과 평화를 위해서 내가 해야 할 것이 무엇인지 생각해보고 서로에게 피드백을 해주도록 하자.

둘째, 부모와 자녀 모두가 불필요하게 화를 내거나 서로 다투는 일은 없는지, 있다면 그 원인이 무엇인지 발견해 보도록 하자.

셋째, 가족 모두가 건강하게 생각하고 말하는 훈련을 해보자.

넷째, 그리고 가족 안에서 의견 충돌이 일어날 때 서로 약속한대로 '타임아웃'을 반드시 실천하도록 하자.

다섯째, 그리고 시간이 지났을 때 서로 용기를 내어서 다시 대화를 시작해 보도록 하자.

16. 리더십 : 리더십 완전정복

성품(Character)

농구 역사상 가장 뛰어난 선수 중 한 명인 마이클 조던에겐 대학 시절 딘 스미스라는 위대한 스승이 있었다. 조던의 아버지인 제임스 조던은 아들을 성공시킨 공을 스미스의 리더십으로 돌렸다. 제임스는 "딘 스미스 감독은 마이클이 좋은 성품을 갖도록 단련시켜 주었다"라고 말했다. 지도자의 성품은 '자신의 삶에 어떠한 방식으로 대처해 왔는가'를 통해 알 수 있다. 위기는 반드시 성품을 형성한다고 할 수는 없지만 성품을 드러낸다는 것만큼은 분명하다. 역경은 성품과 타협이 만나는 교차로다. 인생은 언제나 그 중 하나를 선택해야만 한다. 매번 성품을 선택한다면 비록 그 결과가 부정적이라 할지라도 인생은 더욱 강해진다.

성품 만들기 / 1) 성품이란 말로 되는 것이 아니다. 2) 재능은 선물이지만, 성품은 선택이다. 3) 성품은 대인 관계에 변함없는 성공을 가져다준다. 4) 자신의 성품이 갖고 있는 한계를 뛰어 넘을 수 있는 사람은 없다.[409]

카리스마(Charisma)

19세기 후반, 영국 정계에선 두 명의 강력한 정치가가 주도권을 놓고 경쟁하고 있었다. 윌리엄 글래드스턴과 벤저민 디즈레일리. 두 정치가는 라이벌이었다. 둘의 차이점은 이틀 연속으로 그들과 저녁 식사를 함께 한 어떤 젊은 여인의 이야기에서 잘 나타난다. 그들의 인상에 대한 질문을 받자 그녀는 이렇게 말했다. “글래드스턴 씨와 식사를 한 뒤 식당을 나오면서 제가 한 생각은 ‘그가 영국에서 가장 똑똑한 사람’이라는 것이었죠. 하지만 디즈레일리 씨와 함께 식사를 하고 난 뒤에 든 생각은 ‘내가 영국에서 가장 똑똑한 여자’라는 것이었어요.” 디즈레일리는 사람들을 자신에게 끌어들이는 힘이 있었다. 그것은 강압적인 것이 아닌, 사람들 스스로 따르기 원하도록 만드는 디즈레일리의 성품에서 비롯된 것이었다. 그에게는 카리스마가 있었다.

카리스마 만들기 / 1) 사랑하는 삶 2) 만점을 주어라. 자크 위즐은 “자수성가한 100명의 백만장자들을 조사한 결과 한 가지 공통점을 발견할 수 있었다. 이들은 한결같이 사람들의 좋은 점만을 본다는 사실이다”라고 말했다. 3) 희망을 주어라. 나폴레옹 보나파르트는 리더에 대해 ‘희망을 파는 상인(Dealers in hope)’이라고 했다. 4) 타인과 함께 하라. 자기 자신을 사람들과 나누는 리더, 인생 여정에 동참할 수 있는 리더는 반드시 사랑 받는다.

헌신(Commitment)

미켈란젤로는 4년 동안 항상 누운 채로 천장에 그림을 그렸다. 결국 그는 이 그림 때문에 회복할 수 없을 정도로 시력을 잃었으며 기력도 크게 소진하였다. 그러나 끝내 미켈란젤로는 시스티나(Sistina) 성당 천장에 그림을 그렸고 그것으로 말미암아 유럽 화풍의 미래를 영원히 바꾸어 놓았다. 그는 비전만 가진 것이 아니라 헌신하는 사람이었다.

헌신 만들기 / 미 공군의 에드 맥클로이는 헌신의 중요성에 대해서 다음과 같이 말했다. "헌신은 우리에게 새 힘을 준다. 무엇이 우리에게 다가온다 할지라도, 그것이 질병이든 가난이든 또는 재난이든 우리는 결코 목표에서 눈을 떼지 않을 것이다." 리더에게는 헌신이 요구된다. 왜냐하면 그 모든 사람들이 리더를 의지하기 때문이다. 헌신이란 무엇인가?

1) 헌신은 전력을 다하는 마음에서 시작한다. 마이클 조던은 "위대한 선수와 좋은 선수의 차이는 바로 전력을 다하는 마음 가짐에 있느냐 없느냐에서 드러난다."라고 말했다. 2) 헌신은 행동으로 평가 받는다.
3) 헌신은 성취의 문을 열어준다.[411]

소통(Communication)

미국의 많은 대통령들은 뛰어난 커뮤니케이터로서 사람들에게 큰 영향을 미쳤다. 존 F. 케네디, 프랭클린 루즈벨트, 에이브러햄 링컨 등은 대표적인 커뮤니케이터로 꼽힌다. 이 시대는 단 한 명의 대통령만이 뛰어난 커뮤니케이터로 인정받았다. 바로 로널드 레이건 대통령이다. 레이건은 사람들과 대화하고 의사를 전달하는 데 있어 남다른 재능을 지니고 있었다. 단체에게 말을 하든, 카메라를 바라보든, 일대일로 대화를 나누든 레이건은 언제나 소통에 있어 최대의 효과를 끌어낼 수 있었다. 소통이 그를 국민이 따르기 원하는 지도자로 만들었다.

소통 만들기 / 다음에 제시하는 기본 진리를 따른다면 보다 효과적인 커뮤니케이터가 될 수 있을 것이다.

1) 메시지를 단순화시켜라. 나폴레옹은 그의 부관들에게 "누구나 알 수 있게, 누구나 알 수 있게, 누구나 알 수 있게 하라."라고 말했다. 2) 사람을 이해하라. 뛰어난 커뮤니케이터는 대화 상대에게 초점을 맞춘다.
3) 진실을 보여주어라. 신뢰감은 소통을 함에 있어 가장 우선시해야 할 부분이다. 청중에게 신뢰를 주는 방법에는 두 가지가 있다. 첫째는 자신이 말하는 것을 믿는 것이다. 둘째는 말한 대로 사는 것이다. 4) 반응을 구하라. 소통의 목표가 '행하는 데' 있다는 것을 꼭 기억하라.[412)]

능력(Competence)

벤저민 프랭클린은 언제나 자신을 평범한 시민으로 여겼던 사람이다. 프랭클린은 13개 항목의 채점표를 만들어 매일 매일 자신의 행동을 평가하며 열심히 일했다. 그는 "자신의 재능을 숨기지 마라. 그것은 쓰이기 위해 있는 것이다. 해시계가 그늘 아래 있다면 무엇에 쓰겠는가?"라고 말했다. 대부분의 경우 프랭클린은 타인으로부터 그 능력을 받았다.

능력 만들기 / 어느 정도 질적인 능력의 향상을 원한다면 여기 꼭 해야만 하는 일들이 있다.

1) 언제나 대비한다. "모든 건 그것을 기다리는 사람에게 찾아온다"라는 말이 있다. 책임감 있는 사람은 예정된 시간을 지켜 모습을 나타낸다. 2) 끊임없이 개선한다. 3) 탁월함을 끝까지 유지한다. "질(Quality)은 우연히 만들어지는 것이 아니다. 꾸준히 지속되는 분명한 의도와 순수한 노력, 지적인 안목 그리고 능숙한 작업의 결과를 통해 만들어진다. 그것은 수많은 대안 중 현명한 선택을 했음을 보여준다." 4) 기대 이상을 성취한다. 5) 사람들을 고무시켜라. 유능한 리더들은 자기 혼자 일을 잘 처리하는 데서 끝나지 않는다. 사람들이 자신과 똑같이 행할 수 있도록 고무시키고 동기를 부여한다.[413)]

용기(Courage)

"용기란 두려워하는 것을 하는 것이다. 두려움이 없다면 용기 역시 있을 수 없다." 한결같이 위험한 상황을 이겨냈으며 자신을 누리는 심적, 육체적 압박 속에서 용기와 강인한 정신력을 보여준 '에디 리켄베커'라는 사람이 있다. 그는 제1차 세계대전 당시 독일군을 상대로 한 공중전에서 가장 많은 승리를 기록한 전투기 조종사다. 그리고 제2차 세계대전 중 비행기 추락 사고에서 살아나 22일간 태평양 한가운데서 부대(浮袋)

에 몸을 지탱하면 견뎌낸 전쟁 특별 자문단장이었다. 그는 전쟁 중에도 그리고 전쟁이 끝난 후에도 여전히 용기를 가지고 두려움을 이겨냈다.

용기 만들기 / 만일 힘든 결정을 해야 한다면 용기에 대한 다음 진리들을 인식하라.
1) 용기는 마음속 전투로부터 시작된다. 2) 용기란 일을 바로 잡는 것이지 적당히 타협하는 것이 아니다. 3) 지도자의 용기는 그를 따르는 자들의 헌신을 불러일으킨다. 4) 우리의 삶은 용기에 비례하여 커간다.[414)]

통찰력(Discernment)

마리야 스클로도프스카는 항상 사물의 본질을 알고 싶어 했다. 스콜로도프스카는 장차 장차 자신의 남편이자 연구 파트너가 될 피에르 퀴리를 만나게 된다. 우리에게 더 낯익은 이름은 그녀가 1895년 피에르 퀴리와 결혼한 뒤 불린 '퀴리 부인(Madame Marie Curie)'일 것이다. 퀴리 부인은 세계 최초로 방사능(Radioactivity) 분야를 적극 연구하면서 근대 방사선 의학의 문도 열었다. 그녀는 15개의 메달과 19개의 학위 그리고 2개의 노벨상(물리학, 화학)을 받았다. 그녀는 딸 이레느와 함께 X선 사진법(X-Radiography)을 개발하고 그 장비를 구급차에 장착시키는 운동을 펼쳤다.

통찰력 만들기 / 최대의 역량을 발휘하고 싶어 하는 리더에게 통찰력은 필수적인 것이다. 이는 다음과 같은 몇 가지 중요한 일들을 하는 데 도움을 준다.

1) 근원이 되는 쟁점을 찾는다. 2) 문제 해결 능력을 높인다. 3) 최대 효과를 얻을 수 있는 선택을 찾도록 한다. 4) 많은 기회를 만든다.[415]

집중력(Focus)

토니 그윈은 테드 윌리엄스 이후 최고라 할 수 있는 선수로, 지난 15년간 가장 뛰어난 타자였다. 그러나 그윈에게 '충분하다'는 말은 없다. 타격은 그의 기쁨이다. 한번은 타격 장갑이 호주머니 바깥으로 나온 채 한 행사장에 도착해서 화제가 된 적이 있다. 끊임없이 타격 연습에 몰두하는 그의 모습을 보여준 사례다. 칼럼니스트 죠지 윌은 그윈처럼 자기 분야에서 뛰어난 사람들은 대부분 사람들이 모르는 일종의 집중력이 개발되어 있다고 주장한다.

집중력 만들기 / 다음의 지시 사항을 따르면 도움이 될 것이다.
1) 집중력의 70%는 장점에 둔다. 2) 집중력의 25%는 새로운 일에 둔다. 성장은 곧 변화를 일컫는다. 3) 집중력의 5%는 자신의 약점에 둔다.[416]

관대함(Generosity)

엘리자베스 엘리엇. 1950년대 키추아 인디언들을 찾으러 간다는 희망 속에 에콰도르 선교팀에 합류했다. 결혼 후 약 2년이 지나고 딸이 생후 10개월이 되었을 때, 남편 짐 엘리엇은 '아우카'라고 불리는 지역의 소수 인디언에 대한 관심을 갖게 되었다. 짐과 네 명의 선교사들은 아우카와 접촉을 시도했고 결국 그 백인들은 시체로 발견되었다. 시체들의 몸에는 모두 아우카 부족의 창이 꽂혀 있었다. 모두 살해된 것이다. 그후 엘리자베스 엘리엇은 에콰도르 사람들을 돕고자 하였다. 그리고 마침내 엘리자베스 엘리엇은 아우카 부족에 가서 2년 동안 봉사했다. 그리고 많은 사람들이 그녀가 전한 사랑의 메시지를 기쁘게 받아들였다. 그 가운데 남편을 죽인 일곱 남자 중 2명도 포함되어 있었다.

관대함 만들기 / 여러분의 삶 속에 관대함을 길러 보라. 여기 그 방법이 있다.
1) 가지고 있는 것은 무엇이든 감사히 여긴다. 2) 사람을 우선으로 한다. 3) 물욕의 포로가 되어선 안 된다. 4) 돈도 하나의 자원으로 보라. 5) 주는 습관을 길러라.[417)]

결단력(Initiative)

키먼즈 윌슨은 평생 뛰어난 결단력을 가지고 살아왔다. 윌슨의 남다른 결단력은 그에게 많은 재산을 가져다 주었다. 윌슨은 가족을 데리고 휴가차 워싱턴 D.C.로 여행을 떠났다. 그는 이 여행을 통해 미국의 숙박 시설이 형편없다는 것을 알게 된다. 훗날 윌슨은 이렇게 회상하였다. “당시에는 묵고 있는 곳이 어떤 곳인지 구분조차 할 수 없었죠. 어떤 곳은 말할 수 없을 정도로 지저분했어요. 게다가 얘들한테도 숙박비를 받았습니다. 정말 내 속에 있는 스코틀랜드인의 피를 부글부글 끓게 만들었지요.” 멤피스로 돌아온 윌슨은 설계가를 고용해 자신의 첫 호텔을 디자인했다. 그는 깨끗하고 심플하며 언제나 일정한 수준을 유지하는 호텔을 원했다. 이듬해 그는 멤피스 외곽에 첫 호텔을 오픈하고는 호텔의 이름을 16미터 높이의 대형 광고판 위에 빛나게 하였다. 이름은 '홀리데이 인(Holiday Inn)'이었다.

결단력 만들기 / 결단력 있는 리더에게 어떤 특성이 있는가? 기본적으로 네 가지 성향이 있다.

1) 자신이 원하는 것을 알고 있다. 2) 행할 수 있도록 자신을 압박한다. 3) 더 많은 위험을 감수한다. 4) 더 많은 실수를 한다.[418]

경청(Listening)

1985년만 하더라도 윈프리는 잘 알려진 사람이 아니었다. 훗날 그녀가 성공할 수 있었던 것은 남들과 말을 잘 주고받는 능력 때문이었다. "사람들과 대화를 나누는 것, 이것이 바로 내 자신의 가치를 개발해 왔던 나만의 방법이다." 그녀는 여전히 성공을 달리고 있다. 바로 "경청하는 능력" 때문이다.

경청 만들기 / 경청의 목적이 사람들과 접촉하고 배우기 위한 것이라는 사실을 잊지 마라. 이러한 이유 때문에 우리는 사람들을 향해 귀를 열어 놓고 있어야 한다.

1) 자신을 따르는 사람들. 2) 고객들. 3) 경쟁자들. 4) 스승들.[419]

열정(Passion)

파파존스는 1984년 존 슈내터가 설립한 회사다. 창업 7년 만에 46개의 점포를 만들었고, 그 이후 7년 동안 46개에서 1,600개로 성장했다. 두 번째 7년간 파파존스가 이뤄낸 놀라운 성공은 폭발적인 성장의 법칙, 즉 '성장에 더하기를 하려면 따르는 자들을 이끌고, 성장에 곱하기를 하려면 리더들을 이끌라'는 원리에 의한 것이다. 그렇다면 첫 번째 7년 동안 보여준 성공의 열쇠는 바로 '열정'이다. "피자는 슈내터의 인생이며 그는 그것을 매우 신중하게 받아들이고 있다."

열정 만들기 / 리더의 삶에 열정의 자리를 대신할 것은 아무 것도 없다. 열정에 관한 다음 네 가지 진리에 집중하라.
1) 열정은 성취를 위해 내딛는 첫 걸음이다. 2) 열정은 의지력을 키운다. 3) 열정은 자신을 변화시킨다. 4) 열정은 불가능한 것을 가능하게 한다.[420]

긍정적인 태도(Positive Attitude)

근대적인 의미의 리서치 연구소를 발전시킨 사람은 토머스 에디슨(Thomas Edison)이다. 대부분 사람들은 에디슨의 능력이 창조적 성향을 갖춘 천재성 때문이라고 믿고 있다. 하지만 그는 이 모든 업적이 '열심히 일한 덕분'이라고 잘라 말했다. "천재는 99%의 땀과 1%의 영감으로 만들어진다." 백열전구에 맞는 소재를 찾기 위해 1만 번의 실험을 했을 때도 그는 그것을 실패로 보지 않았다. "삶에 실패한 사람 중 많은 이들은 어떤 일을 포기할 당시 자신이 얼마나 성공에 가까이 다가갔었는지 깨닫지 못한 사람들이다." "내게 아이디어는 아직도 많이 있다. 하지만 시간은 그렇지 않다. 딱 100살까지만 살았으면 한다." 그러나 84세의 일기로 그는 세상을 떠났다.

긍정적인 태도 만들기 / 긍정적인 것이 무엇을 의미하는지 더 잘 알기 위해서는 다음 사항들을 생각해 보아야 한다.
1) 태도는 선택이다. 2) 태도가 행동을 결정한다. 3) 사람들은 리더의 태도를 반영하는 거울이다. 4) 현재의 좋은 태도를 유지하는 것이 또 다른 태도를 취하려는 것보다 쉬운 일이다.[421)]

문제 해결 능력(Problem Solving)

월마트의 창업자 샘 월튼에게 '미국 소매상의 적', '길거리 상가의 파괴자' 등 몇 가지 별명이 있다. 어떤 사람들은 이것을 크게 문제화시켰다. 그가 2차 세계대전에 참전하고 제대한 후 소매업을 시작했다. 사업은 잘 되었다. 셀프서비스 방식을 가게를 운영했던 것이 효과가 있었다. 그때 허브 깁슨(Herb Gibson)이라는 할인매장이 생겨서, 월튼의 잡화점과 경쟁하기 시작했다. 그는 전국을 돌아다니며 할인 매장의 개념을 공부하고 1962년 7월 2일 알칸사스주 로저스에 월마트 1호점을 만들었다.

문제 해결 능력 만들기 / 샘 월튼 같은 유능한 리더들은 항상 도전하려 한다. 다른 소매상들은 경쟁이 치열해지는 것을 보며 불평만 했을 뿐이지만 월튼은 창의성과 끈질김을 갖고 자신의 문제를 해결함으로써 수면 위로 부상할 수 있었다. 훌륭한 문제 해결 능력을 갖춘 리더들은 다음의 다섯 가지 특성을 보여주고 있다.

1) 그들은 문제를 기대하고 있다. 2) 그들은 사실을 받아들인다.
3) 그들은 큰 그림을 본다. 4) 그들은 한 번에 한 가지씩 한다. 5) 그들은 상황이 어렵다고 해서 자신의 주 목표를 포기하지 않는다.[422]

관계(Relationships)

당신이 내과의사라면 윌리엄 오슬러라는 이름을 한 번쯤은 들어보았을 것이다. 오슬러는 의료 행위에 인간적인 심성을 다시 심어놓았다. 그는 의사들에게 연민(Mercy)의 마음가짐을 가르쳤다. 의대생들에게 그는 이렇게 말했다. "의사들이 과학에만 치우쳐 있이 환자 개인보나는 질병과 질병의 과학적인 측면에만 관심을 기울이고 있다는 생각이 널리 퍼져있다. 난 자네들이 각자 의료 행위를 함에 있어 환자 개인에게 더 특별한 관심을 갖기를 바란다."

관계 만들기 / 리더로서 좋은 관계를 유지하고 발전시켜 나가기 위해서는 무엇을 해야만 할 것인가? 다음 세 가지가 요구되고 있다.

1) 리더의 생각을 품어라: 사람을 이해하라. 2) 리더의 마음을 가져라: 사람을 사랑하라. 3) 리더의 손으로 뻗어라: 남을 도와라.[423]

책임감(Responsibility)

1835년 말, 텍사스 반란군들이 텍사스주 샌안토니오의 작은 교회를 포위하고 있었다. 미국 정착민들과 멕시코 군대 사이에 벌어진 알라모 전투는 피할 수 없는 것이었다. 2월 말이 되자 안토니오 로페즈의 명령 아래 수천 명의 멕시코 군인들이 샌안토니오로 진군해 알라모를 포위하였다. 안토니오 로페즈는 11일 동안 알라모를 맹공격하였다. 전투가 끝났을 때 183명 가운데 살아남은 사람은 한 명도 없었다. 하지만 멕시코 군인 600명도 함께 죽었다. 그들은 비록 패배했지만, 그 전투는 멕시코와의 전쟁에 있어서 전환점이 되었다. 연이은 전투에서 "알라모를 기억하라!"는 외침이 울려 퍼지는 가운데, 멕시코의 군대에 대항하는 힘과 시민들의 지지를 모아나갔다. 2개월이 채 되지 않아 텍사스는 완전한 독립을 이룰 수 있게 되었다.

책임감 만들기 / 제임스 본햄과 그의 동료들이 보여준 책임감을 오늘날 미국 문화 속에서 찾아보기란 힘든 일이다. 그러나 선한 지도자는 결코 자신을 대신할 희생양을 찾으려 하는 생각을 받아들이지 않는다. 책임감이 무엇인지 알았던 사람들의 특성을 살펴보자.
1) 일을 끝마친다. 2) 기꺼이 더 나아간다. 3) 탁월함을 추구한다.
4) 상황에 관계 없이 결실을 맺게 한다.[424)]

안정감(Security)

영국의 마가렛 대처 수상은 1959년 국회의원이 되어 정치계에 발을 들여놓았다. 그녀의 아버지는 "대중을 따라다니지 말고, 네 스스로 결정하거라"는 말을 듣고 자랐다. 강한 의지와 뛰어난 역량을 가진 그녀는 교육 및 과학 장관 재임 시에는 '영국에서 가장 인기 없는 여인'이라는 소리도 들었다. 그러나 대처는 결코 비평에 흔들리지 않았다. 수상이 되어서도 계속해서 비판과 맞서야만 했다. 아무리 심한 비난을 받더라도 그녀는 동요하지 않았으며 자존심도 잃지 않았다. 그녀에게 '철의 여인(iron lady)'라는 별명이 부여 되었다.

안정감 만들기 / 불안정한 리더들에겐 몇 가지 공통점이 있다.
1) 남들에게 안정감을 주지 못했다. 2) 주는 것보다 더 많이 취한다.
3) 인재 발굴을 피하려 한다. 4) 끊임없이 조직의 성장을 억제하려 한다.[425]

자기 단련(Self-Discipline)

제리 리치(Jerry Rich)는 최정상의 자리에 오른 극소수의 사람 가운데 하나다. 그는 미식축구 사상 가장 공을 잘 받는 선수로 평가받고 있다. 그는 타고난 운동선수라고 불린다. 그러나 그는 "포기하면 안 돼. 한 번 포기하기 시작하면 다음에도 그 다음에도 포기하려고 할 거야." 스스로에게 다짐한 그는 또 다른 언덕길 전력 질주로 유명해졌다. 제리는 계속해서 팀의 승리를 도우며 그의 기록과 명성을 쌓아갔다.

자기 단련 만들기 / 자신을 단련하는 리더가 되기 원한다면 다음을 실행하라.

1) 우선되는 사항을 결정하고 따르라. 2) 단련된 라이프 스타일을 목표로 삼아라. 3) 변명하지 마라. 4) 일을 끝내기 전까지 보상하지 마라. 5) 결과에 초점을 고정시켜라.[426]

섬기는 마음(Servanthood)

1990년대 중반, 육군 대장인 노먼 슈워츠코프란 이름이 미국인들 사이에서 친숙한 이름으로 부각되었다. 걸프 전쟁 당시 연합군 총 지휘를 맡았던 그는 웨스트포인트 사관학교 시절부터 지금껏 언제나 탁월한 리더십을 보여줬다. 그가 베트남 전쟁 당시 수습하기 어려운 대대를 바꾼 일이 있다. 1970년 5월 28일, 한 병사가 지뢰를 밟게 되자 슈워츠코프는 언제나처럼 헬기를 타고 부상병이 있는 지점으로 날아갔다. 모든 사람들이 그 병사가 있는 곳이 지뢰밭이라는 걸 알게 되었다. 슈워츠코프는 "나는 지뢰밭을 뚫고 지나가기 시작했다. 한 번에 한 걸음씩 혹시 지면 위로 돌출된 지뢰가 없는 확인하며 천천히 발을 내딛었다. 그 어린 병사에게 다가갈 때까지 마치 1,000년은 더 걸린 것 같았다."라고 말했다.

섬기는 마음 만들기 / 섬김은 기술이 아니다. 섬김은 태도를 말하는 것이다. 섬기는 마음을 실천하는 리더의 특징은 다음과 같다.
1) 자신보다 남을 우선으로 한다. 2) 섬기려는 확신을 갖는다. 3) 솔선하여 섬긴다. 4) 자리에 연연하지 않는다. 5) 사랑에서 우러나온 섬김이다.[427]

배우려는 자세(Teachability)

채플린이 태어났을 때 그의 엄청난 명성을 예측한 사람은 아무도 없었다. 채플린이 성공한 것은 그의 엄청난 재능과 놀라운 추진력 때문이었다. 그러나 그러한 장점도 배우려는 자세가 있었기에 가능한 것이었다. 그는 계속해서 성장하고 배웠다. 자신의 재능을 완벽히 유지하기 위해 투쟁하듯 노력했다.

배우려는 자세 만들기 / 리더들은 현 상태에 만족하려는 위험에 직면하게 된다. 이를 해결하는 방법이 있다. 다음은 배우려는 자세를 견지할 수 있는 다섯 가지 지침이다.
1) 성장에 끝은 없다. 2) 자신의 성공을 뛰어 넘는다. 3) 손쉬운 방법을 끊는다. 4) 자만심을 버린나. 5) 똑같은 실수로 값을 두 번 치르지 않는다.[428]

비전(Vision)

20세기 최고의 몽상가(Dreamer) 중 한 명은 월트 디즈니다. 디즈니는 토요일 아침이면 어린 두 딸과 함께 로스앤젤레스에 있는 놀이동산에 놀러가곤 했다. 디즈니는 특히 '흥겨운 잔치(Carousal)'라는 놀이 기구에 빠져 있었다. 한번은 그가 가까이 다가갔을 때 활기찬 칼리오페(증기 오르간) 음악에 맞춰 달리는 휘황찬란한 기구들 사이로 희미한 무언가를 목격했다. 놀이 기구가 멈추자 그는 화려함 속의 눈속임을 알게 되었다. 페인트가 벗겨지고 금이 간 낡은 목마들 중 오직 바깥쪽에 있는 목마들만 오르락내리락하고 있었던 것이다. 중간에 있는 다른 말들은 생명력 없이 마루에 고정되어 움직이지 않았다. 디즈니의 실망감은 곧 위대한 비전을 심어 주었다. 그의 마음의 눈은 환상이 사라지지 않는 놀이동산을 보고 있었다. 그의 꿈은 디즈니랜드가 되었다.

비전 만들기 / 비전은 곧 리더의 모든 것이다. 결코 없어서는 안 되는 것이다. 비전을 갖고 훌륭한 리더로서의 삶을 살고 싶다면 다음을 명심해야 한다.

1) 비전은 내면으로부터 시작된다. 2) 비전은 우리의 이력을 그린다.
3) 비전은 남에게 필요한 것을 채운다. 4) 비전은 자원을 모으는 데 도움을 준다.[429)]

Z세대 자녀와 X세대 부모의 콜라보 <리더십>

〈 표26〉 나의 리더십 SWOT 분석[430]

나의 리더십 SWOT 분석	장점 (강점) S 장점 또는 강점을 이곳에 모두 적어 주세요	단점 (약점) W 단점 또는 약점을 이곳에 모두 적어 주세요
	1.	1.
	2.	2.
	3.	3.
	4.	4.
기회 O 기회요소. 기회가 되는 환경 등을 이곳에 적어주세요.	SO 전략	WO 전략
1.	●	●
2.	●	●
3.	●	●
4.	●	●
위협요소 T 약점 또는 단점 중, 시급히 해결하지 않으면 안될 치명적인 환경 요소, 성격 등을 적어주세요.	ST 전략	WT 전략
1.	●	●
2.	●	●
3.	●	●
4.	●	●

17. 혁신 : 정조에게서 배운다

외면과 내면이 성숙해야 한다

정조는 독서하는 리더였다. 정조는 어려서부터 엄청난 양의 책을 읽었다. 국왕이 된 후에도 정조는 책 읽기를 쉬지 않았다. 정조는 책을 두 번 읽었다. 한 번 읽고 다시 두 번째 정독을 해서 그 내용을 파악했다. 리더는 남들에 비해 더 많은 지식과 정보를 가지고 있어야 하는데, 이를 위해 독서가 필요하다.[431]

정조는 신하들을 가르치는 '군사'(君師)의 지위를 얻었다. 학문에 있어서 정조는 신하들보다 탁월했다. 정조처럼 현대의 리더들은 자기 분야에 정통한 사람들이다. 만약 리더가 되기 원한다면, 자기 분야의 전문가가 되어야 한다.[432]

정조는 무예 실력을 기르기 위해서 시간을 정해 놓고 꾸준히 운동했다. 정조는 학자인 동시에 무예가로서의 면모를 갖추었다. 리더는 항상 건강한 체력을 유지해야 한다. 리더는 적극적으로 운동하는 습관을 가져야 한다. 또한 정조는 "부지런히 일하고 검소한 것을 왕가의 법도"라고 말했다. 이것이 정조의 내면의 모습이었다.[433]

진정한 의미의 '통합'을 추진해야 한다

정조는 백성들을 부유하고 행복하게 하는 탕평정책이 최선이라고 생각하고 이를 추진했다. 정조는 영조의 탕평을 계승하여 보다 발전된 탕평정책을 썼다.[434] 정조시대 중요한 인물 가운데 한 명이 번암 채제공이다.[435] 그는 탕평정치의 중심인물이었다. 정조는 채제공을 화성유수로 발탁했다. 채제공은 화성을 쌓을 때 3대 원칙을 발표했다. (1) 서두르지 말 것, (2) 화려하게 하지 말 것, (3) 기초를 단단히 쌓을 것.

정조는 지역 차별을 극복하는 통합을 시도했다. 정조시대 이전에 서북 지역과 동북 지역이 차별을 받았다. (즉 평안도와 함경도 지역이었다.) 정조 즉위 이후(1788년)에 서북 무사들의 차별을 전면 폐지했다. 또한 정조는 당시까지 소외된 영남 남인을 적극적으로 등용했다.

자기를 따르는 사람들을 행복하게 해 주어야 한다

1791년, 즉 신해년에 백성들이 자유롭게 장사하게 되었다. 이것은 조선 건국 후 399년 만에 이루어진 일이었다. 이전에는 '금난전권'(독점권을 갖고 있는 시전 상인들에게 특별한 권한을 주는 것) 때문에 백성들이 장사하지 못했다.

정조는 수재를 당한 백성들의 마음을 치유하게 했다. 정조는 전염병에 대해서도 지혜롭게 대처했다. 정조는 전염병의 사회적 공포를 없애는 데 힘을 썼다. 또한 병으로 농사를 못 짓는 가정을 위해서 공동체가 나서서 도와주도록 했다.[436]

정조는 추노꾼들이 비인간적인 행위를 하지 못하도록 했다. 정조는 소외되고 천한 이들의 삶에 진정으로 관심을 가졌다. 정조는 백성에 대한 생각을 한시도 잊은 적이 없다. 정조의 위민정신이 실현되었다. 정조는 말을 탈 때 사람을 밟고 내리지 않기 위해서 하마석을 만들어 사용했다.[437]

붉은 산은 조선의 산, 즉 나무가 없어서 산의 맨땅만 보이는 조선의 산을 말한다. 정조는 식목 정책을 추진했다. 정조는 나무를 심는 것은 백년 뒤를 위한 것이 아니라 만년을 내다보는 계획이라고 말했다.[438]

정의로운 사람이어야 한다

정조는 "나는 감영에서 올라 온 판결문을 경전 대하듯 읽었다."라고 말했다. 정조는 재판 기록 살피기를 매우 중요시했다. 그의 생명을 살리기 위한 노력은 다른 재판에도 영향을 주었다.

1785년(정조 9) 9월 11일, 조선의 새 법전이 만들어졌다. 〈대전통편〉(大典通編)이다. 대전통편이 빨리 제정된 것은 정조의 강력한 개혁 의지 덕분이었다. 이는 선대 왕들이 하지 못했던 일이었다.

정조는 화성을 축성하는 과정에서 기술자와 일꾼들에게 임금을 지불했다. 정조의 민본주의 정신을 여기서 발견할 수 있다. 기술자와 날품팔이하는 노동자들을 높이 대우했다. 그리고 정조는 추운 겨울에 성곽을 쌓는 이들에게 털모자를 하사했다. 조선 시대 한겨울에 정3품 당상관이 되어야 귀마개를 할 수 있었다. 그런데 정조가 털모자를 만들어 쓰게 한 것은 획기적인 일이었다. 그리고 정조는 기술자와 막일꾼들에게 솜옷을 하사해 주었다.[439] 당시로서는 매우 귀한 물품이었다.

인재를 알아보고 중용할 줄 안다

다산연구소 박석무 이사장은 정조와 다산의 만남을 '풍운지회'라고 말했다. 정조는 다산을 통해 암행어사와 목민관의 모범을 세우려고 했다. 정조는 다산 정약용을 혹독하게 훈련시켜 문무겸전의 인재로 양성했다. 정조는 다산이 있었기에 정조일 수 있었고, 다산도 정조가 있었기에 다산이 되었다. 좋은 리더는 재목이 될 인재를 알아보고 그를 키워낼 줄 안다.[440]

정조는 뛰어난 창조적 사고를 지녔다. 정조는 약관의 정약용을 등용해서 한강을 건너갈 배다리를 설계하게 했다. 정조는 화성 축성의 기본설계를 실학의 과학 정신을 통해서 이뤄냈다. 정조가 정약용에게 〈기기도설〉이라는 책을 하사했고, 정약용을 그 책을 바탕으로 '거중기'를 만들었다.(정조가 하사한 책에 이와 비슷한 '기중기'라는 크레인의 그림과 기계 작성법이 들어 있었다.) 정조는 수레도 직접 고안하고 개발했다.[441]

정조는 인재 양성을 위해서 규장각을 설립했다. 정조는 인재양성과 평등정신의 목적을 충족시키기 위해 '서얼허통'(庶孼許通)을 실시했다.

1777년(정조 1) 3월 21일 신분제 개혁안이 발표되었다. '서얼허통'에 대한 정조의 결단이었다. 정조는 서얼 출신들을 개혁의 근거지인 규장각의 검사관으로 임명했다. 정조는 평민 중에서도 인재를 발굴했다.

정조는 인재 육성이 조선의 개혁에 가장 소중한 것이라고 생각했다. 교육은 여유가 있으면 하고 여유가 없으면 하지 않아도 되는 것이 아니다. 가장 어려운 때에도 반드시 교육을 해야 하고 그 교육을 통해 성장한 인재들이 어려운 난국을 헤치고 보다 나은 사회로 나가게 해야 한다.

용기 있는 사람이어야 한다

리더는 마음을 다스려야 한다. 정조는 자중하도록 노력했다. 정조는 자신의 속마음을 드러내지 않는 훈련을 했다. 또한 리더는 친인척을 멀리하는 지혜가 있어야 한다. 핏줄이라는 이유로 능력도 없으면서 욕심을 부리다가 망하는 경우가 적지 않다.

정조는 기득권의 저항을 막아내고 이들과 싸웠다. 경상좌도 병마절도사 윤범행이 파직되었다. 그는 수원 성곽의 도면을 잘못 올렸다. 윤범행은 도면을 엉터리로 그려서 보냈다. 윤범행은 정조의 국가 개혁의 중요한 명령을 무시한 처사를 했다. 정조는 개혁에 저항하는 사람들에 대해 지혜롭게 대처했다.

조선 후기의 다른 왕들과 달리 정조는 군사력을 가진 왕이었다. 군사력이 왕에게 없다면 국왕의 힘은 무의미한 것이다. 정조는 대규모 군사 훈련을 통해 국왕의 지엄함을 보여 주었다.

리더에게 가장 힘든 일이 있다면, 측근을 내치는 것이다. 홍국영은 천하를 호령했지만, 영원히 조정에서 사라지게 되었다. 홍국영은 더 큰 권력을 갖고 싶어 했고, 국왕의 외척이 되어 왕과 권력을 양분하고 싶어 했다. 마침내 홍국영이 스스로 무덤을 팠다. 그가 정조의 왕비인 효의왕후를 독살하려고 했던 것이다. (홍국영이 비록 동덕회 멤버였지만 무사하지 못했다.) 정조가 과감한 결단으로 권력을 농단하는 관료를 처단했을 때, 대다수의 관료들은 정조와 함께 개혁을 추진해 나가게 되었다.[442]

소통을 위해서 노력하는 사람이 되어야 한다

정조는 자신의 반대세력인 노론 벽파의 영수 심환지에게 비밀 편지를 보냈다. 정조가 비밀 어찰을 보낸 것은 효종이 자신의 스승이었던 송시열에게 글을 보낸 것을 모델로 삼은 것이다. 정조의 비밀서찰이 가진 의미는, 바로 소통이다. 리더는 상대하기 어려운 사람과도 소통하려는 노력을 해야 한다.[443]

'청람'(淸覽)의 중요성이 강조되어야 한다. 이는 사람들의 이야기를 잘 들어주는 것이다. 정조는 엘리트 집단뿐만 아니라 초야에 은거한 이들의 의견까지도 적극적으로 수용했다.

정조는 군신동락(君臣同樂)이 현실적인 정국 운영에 중요하다는 것을 알고 있었다. 이는 '여민해락'(與民偕樂)과 같은 것이다. 정조는 국왕만의 공간인 창덕궁의 옥류원 계곡을 신하들과 산책함으로 '군신동락'의 의지를 다졌다. 이때 신하들은 말할 수 없이 기뻐했다.

정조는 능행[陵幸]을 통해 왕실의 권위를 높이고 자신의 정통성을 강조했다. 정조는 22년 동안 66회를 행차했다. 백성에게 국왕의 행차는 귀찮고 힘든 일이며, 고통스러운 일이었다. 그런데 정조의 행차에 대해서 백성들이 자발적으로 봉사했다. 그 이유는 정조가 이런 행차를 통해서 백성들과 직접 대화를 통해 그들의 억울함을 해소해 주었기 때문이다. 정조는 능행 시(행차할 때) '상언'과 '격쟁'의 제도를 활성화했다. 정조는 능행을 하고 돌아온 후 서울과 지방의 상언(上言)을 모두 친히 열람하여 그날을 넘기지 않았다. 여기서 백성과 소통하고 그 결과를 반드시 나타내고자 하는 리더의 훌륭한 면모를 볼 수 있다.[444]

미래를 위해 일해야 한다

조심태는 새로운 도시(화성)의 비전을 제시하는 탁월한 도시계획 전문가였다. 조심태는 창의성이 매우 뛰어난 인물이었다. 정조가 자신의 국방개혁과 화성신도시 건설을 위해 조심태를 중용했다. 리더는 개혁을 위해서 가장 적절한 사람을 선택할 줄 알아야 한다.[445]

정조의 시대는 북학(北學)의 시대인 동시에 북벌(北伐)의 시대였다. 북벌은 사대부와 백성을 하나로 만들 이데올로기였다. (북벌은 우리가 중국에

속하지 않았다는 민족적인 자긍심에서 나온 것이다.) 정조는 조선이 중국과 차별화된 민족이라는 것을 강조했다.[446)]

Z세대 자녀와 X세대 부모의 콜라보 <혁신>

정조는 자신과 싸워 이긴 사람이다. 정조는 왕이 된 후에 "나는 사도 세자의 아들이다"라고 선포했다. 죽은 사도 세자의 아들은 왕이 될 수 없었다. 1762년(영조 38), 정조의 나이 11세 때 생부인 사도세자가 영조에 의해 뒤주에 갇혀 죽임을 당했다. 정조는 울면서 아버지를 살려달라고 애원했지만 이성을 잃은 영조는 물론이고 집권 세력인 노론들은 그런 정조를 외면했다. 사도세자가 죽자 정조는 영조의 큰아들 효장세자에게 입적되었다. 그러나 정조는 마음속으로 언제나 자신이 사도세자의 아들임을 잊지 않았다.[447)] 왕이 된 정조는 자신을 사도세자의 아들이라고 말했다는 것은 매우 놀라운 일이다. 정조는 자기 자신과의 싸움에서 이겨낸 사람이다. 그리고 아버지를 죽인 사람들을 이길 수 있는 방법을 터득했다.

정조는 탕평책을 썼으며, 심환지와 같은 정적과도 의견을 나누었고, 또한 상처를 입은 어머니 혜경궁 홍씨를 위해서 여러 차례 능행을 다녀왔으며, 아버지 사도세자의 묘에 함께 갔다. 수원 화성을 건설하였고 장영용(壯勇營)이라는 군대를 만들기도 했다. 다산 정약용을 통해서 수많은 발명을 하기도 했다. 자기 자신과 싸워서 이기고 고통을 준 사람들을 미워하지 않고 인내하였던 정조는 역사의 승리자가 됐다. Z세대가 사는 세상에 좋은 사람만 만난다는 보장이 없다. 면전에서나 혹은 SNS 상에서 고통을 주는 사람을 만날 수도 있다. 감당하기 어려운 일을 겪을 수도 있다. 그때 우리는 어린 나이에 아버지를 잃은 정조를 기억해야 한다. 미워하면 지는 것이다. 용서해야 한다. 또한 나 자신과의 싸움에서도 반드시 이겨야 한다.

혁신의 아이콘이 되기 위해서 우리는 무엇을 해야 할까? 부모와 자녀가 함께 머리를 맞대고 토론을 해보자. 세상 속에서 우리가 미워하지 않고 용서하며 살 뿐만 아니라 그 가운데서도 두각을 나타내기 위해서 무엇을 해야 하는지 방안을 마련해보자.

Note.

첫째, 인내하는 방법, 남을 용서하는 방법에 대하여 가족 회의를 가져보자. 머리를 맞대고 '브레인 스토밍'의 시간을 가져보자.

둘째, 어떻게 나에게 피해를 준 사람을 용서할 수 있을지 지혜를 모아보자. 미워하면 지는 것이다. 미워하면 똑같은 사람이 되고 마는 것이다. 어떻게 나를 미워하는 사람을 이길 수 있을지에 대해서 토론해 보자.

셋째, 정조의 장점을 살펴보고 정조의 성공의 원인을 분석해 보자. 정조의 'SWOT 분석'을 해보자. 그리고 정조를 모델로 삼고 그를 통해서 받은 교훈을 나눠보자.

18. 행복 : 행복한 다음 세대를 위하여

인류의 동일한 소망 : 행복

전 세계적으로 사람들은 자신의 가장 소중한 목표가 '행복'이라고 말한다. 예일대학교의 300년 역사상 가장 인기 있는 수업은 '행복'에 관한 수업이다. 그런데 어떻게 하면 행복해질 수 있을까? TV 광고는 "행복해지려면 이 제품을 사용해 보세요"라고 말한다. 광고는 행복해지기 위해서 "소유하라"라고 말한다. 그러나 그것은 우리를 행복으로 인도하지 못한다.[448] 많은 사람이 행복으로 가는 정문이라고 생각하는 곳에는 '소유하면 행복하다.'라는 구호가 적혀 있다. 반면에 사람들이 덜 이용하는 후문에는 '베풀면 행복하다'고 적혀 있다. 선을 행하는 사람 자신이 유익하다. 실제로 많은 연구가 이를 뒷받침한다. 선행은 도파민 분비를 촉진시킨다. 또 다른 연구에서 사회심리학자들은 사람들을 행복하게 하는 요인들의 여덟 가지 공통점을 발견했는데, 그중 처음 두 가지는 다른 사람들을 돕는 것과 관련이 있다. 기쁘게 살기 원한다면, 누군가를 위해 좋은 일을 해야 한다.[449]

기브 앤 테이크(Give and Take)

애덤 그랜트는 '타인과의 상호작용'이 성공에 큰 영향을 미친다고 말했다. 그는 사람을 '기버(giver)', '테이커(taker)'로 나누었다. 테이커는 자신이 준 것보다 더 많이 받기를 바란다.[450] 또한 '매처(macher)'도 있다. 매처는, 손해와 이익이 균형을 이루도록 애쓰는 사람이다.[451]

테이커가 승리를 거둘 때는 그 반대쪽에 패자가 있게 마련이다. 연구결과에 따르면 사람들이 테이커의 성공을 질투하며 그들을 때려눕혀 콧대를 꺾을 방법을 찾으려는 경향이 있다. 반면 기버가 성공하면 사람들은 그에게 총구를 겨누기는커녕 오히려 응원하고 지지한다. 무엇보다 기버의 성공은 주변 사람들의 성공을 유도하는 파급 효과를 낸다. 모두가 기버의 승리를 원할 경우 승리는 더 쉬워진다. 적을 만들지 않으면 성공은 너 쉽다.[452] 기버, 즉 주는 사람이 승리하고 더 행복하다는 연구 결과를 발표했다. 우리는 행복하기 위해서 진심으로 다른 사람의 성공과 행복을 기원해야 한다. 그리고 우리가 함께 행복하기 위해서 남의 것을 빼앗으려고 하지 말고 남을 행복하게 해 주려고 노력하고 좋은 것을 나누려고 해야 한다.

행복하려면 자신을 바꾸라

우리에게 짜증을 유발하는 사람이 전혀 없지는 않다. 어떤 사람들이 우리를 언짢게 하고, 짜증 나게 하고, 불쾌하게 하고, 화가 나게 한다. 그러나 우리는 인내해야 한다. "인내"에 해당하는 헬라어는 '오래'(long)

의 의미를 갖는 단어와 '누그러진, 부드러워진'(tempered)의 의미를 갖는 단어가 합쳐진 합성어다. 인내하는 사람은 너그러이 받아주는 사람이다.

요즘은 소셜미디어로 다른 사람들의 의견에 훨씬 더 많은 영향을 받는 시대가 되었다. '좋아요'나 '구독', '친구 추가' 같은 것들이 성공의 척도가 되고, 클릭 수와 방문자 수에 따라 자아상이 좋아졌다 나빠졌다 한다. 소셜미디어는 사회적 비교를 강화한다. 우리의 기쁨이 사람들의 반응에 달려 있다는 게 말이 되지 않는다.[453] 당신이 주목받고 싶은 욕구 때문에 불행하다면, 그러면 당신의 욕구는 다른 사람들 또한 불행하게 만드는 것이다. 또 소셜미디어는 분노에 새로운 차원을 더해 주었다. 온라인상의 조롱과 비방은 사람들을 괴롭히고 그들에게 상처를 준다. 면전에서 차마 하지 못할 말을 인터넷상에서는 아무렇지도 않게 한다.[454] 그러므로 인내가 필요하고 너그러운 사람이 돼야 한다.

선을 행하면 선을 행한 당사자에게 좋은 일이 생긴다. 4,500명 이상의 미국 성인을 대상으로 한 2010년 연구에 의하면, 연간 100시간 넘게 자원봉사를 한 사람 중 65퍼센트가 신체적으로 더 건강해졌다고 보고되었다. 73퍼센트가 "봉사활동이 스트레스를 낮추었다"고 말했으며, 89퍼센트가 "봉사활동으로 인해 행복이 증가했다"고 말했다. 다른 사람에게 기쁨을 줄 때 우리의 기쁨도 증가한다. 다른 사람을 이롭게 하는 것이 당신을 이롭게 하는 것이다. 당신 스스로를 미소 짓게 할 방법은 먼저 다른 사람들을 미소 짓게 만드는 것이다.[455]

사랑하라

마크 러틀런드(Mark Rutland)는 그의 저서 《자비의 물결》(Streams of Mercy)에서 미국인들이 가장 듣고 싶어 하는 말에 관한 설문조사를 언급했다.

첫 번째로 꼽힌 답은 "사랑합니다"였다. 두 번째로 꼽힌 답은 "용서합니다"였다. 정말 놀라운 것은 세 번째로 꼽힌 답이다. 그것은 바로 "저녁 식사 준비가 다 되었다"였다. 이 세 가지는 예수님의 메시지를 요약한다. 예수님은 사랑과 은혜와 저녁 식사 초대와 함께 이 땅에 오셨다. 용납할 준비가 되어 있는 사람이 있는 곳에 행복이 찾아온다.

용서하라

듀크대학교의 연구자들은 정서적 안정을 증진시키는 여덟 가지 요소를 제시했는데, 그중 네 가지가 용서와 관련이 있다.

1. 분노를 피할 것
2. 과거에 살지 말 것
3. 가능성이 없는 상황과 싸우느라 시간과 에너지를 허비하지 말 것
4. 대우를 받았을 때 자기연민에 빠지지 말 것

〈용서하거나 원한을 품거나〉라는 제목의 논문에서 연구자들은 실험 참가자들로 하여금 그들에게 상처를 준 사람에 대해 생각하도록 했을 때의 상황을 전한다. 실험 참가자들은 자신에게 상처를 준 사람을 생각

만 해도 손에 땀이 나고, 얼굴 근육이 경직되고, 심장 박동이 빨라지고, 혈압이 상승했다.

그러나 용서의 가능성을 상상해 보게 하자 앞에서 나타났던 모든 생리적 반응이 원래대로 돌아갔다. 건강과 행복은 용서가 흐르기 시작할 때 생겨난다. 행복해지기 원한다면 다른 사람을 용서해야 한다. 예수님은 제자들이 그분을 배반하기 전에 그들을 용서하셨다. 우리도 예수님이 하신 것처럼 다른 사람을 용서해야 한다.[456]

행복하려면 먼저 다른 사람을 격려하라

존 고트먼(John Gottman) 박사는 행복한 부부들에게서 흥미로운 특성을 발견했다. 그것은 바로 건강한 가정은 긍정 대 부정의 비율이 5 대 1이라는 것이다. 성공적인 리더십 유형에 관한 어느 연구에 따르면 탁월한 성과를 내는 팀은 긍정 대 부정의 비율이 6 대 1, 즉 부정적인 말을 한 번 할 때마다 긍정적인 말을 여섯 번 정도 했다.

격려에는 미켈란젤로 효과가 있다. 미켈란젤로는 대리석 안에서 다윗의 형상을 보고 끌로 그 형상을 조각해 냈다. 격려자는 당신 안에 있는 최상의 것을 보고, 끌 대신 인정하는 말로 그것을 끄집어낸다. 긍정적인 정서는 우리의 마음을 열게 함으로써 인간관계를 더 좋게 하고, 활력을 불어넣음으로써 신체 건강까지 증진시킨다.

격려하기 위해서, 다음과 같은 행동지침이 필요하다. 첫 번째, 주의 깊게 들으라. 두 번째, 칭찬을 아끼지 말라. 성경적인 격려는 무심코 하는 친절한 말이 아니라 상대방의 사기를 북돋기 위해 의도된 말이다.

듀크대학교의 해럴드 G. 쾨닉(Herold G. Koenig) 박사는 1,500건 이상의 의학 연구를 분석한 결과를 토대로 "보다 종교적이고 보다 기도를 많이 하는 사람이 정신적으로나 신체적으로 더 건강하다"라는 결론을 내렸다. 그는 신의 도움을 구하는 영적인 사람들은 "스트레스에 더 잘 대처하고, 더 희망적인 만큼 훨씬 더 평안하며, 더 낙관적이고, 우울과 불안이 덜하며, 자살률이 낮다"라고 말했다.

Z세대 자녀와 X세대 부모의 콜라보 <행복>

사랑을 흘려보내면 다시 우리에게 사랑이 흘러오게 될 것이다. 반대로 미움을 흘려보내면 미움과 증오가 다시 우리에게 돌아온다. 가정이 행복해지기 원한다면 우리는 먼저 가족들에게 행복을 선물하기 위해서 이런 것들을 실천해야 한다. 섬김을 받기 원하는 자에게는 섬기려는 사람들이 오지 않을 수도 있다. 우리는 서로에게 다가가기 위해서 노력해야 한다. 먼저 희생하여 섬기고, 사랑을 베풀어야 한다. 우리 모두 지금부터 믿음으로 〈행복 연습〉을 시작해 보자!

Note.

첫째, 우리 가족 안에서 서로 용서해야 할 것은 무엇인지 토의해 보자. 부모가 자녀를, 자녀가 부모를 용서할 수 있겠는가?

둘째, 가족의 행복을 위해서 "내가 희생해야 할 것은 무엇인지?" 에 대해서 토의해 보자. 단, 상대방에게 요구하기 보다 스스로 자신이 해야 할 부분을 말하게 해보자.

셋째, 가족들이 가장 많이 상처를 받는 곳이 바로 '가정'이라고 한다. 맥스 루케이도를 통해서 '용서의 지혜'를 배워보자. "당신이 용서해야 것들을 정하라. 왜 마음이 상했는지 스스로에게 물어보라. 말하기 전에 먼저 기도하라. 그리고 안전하다고 느껴질 때 상대방(가족)에게 말하라. 그후에 진심으로 용서하라. 용서하면 다시 기억하지 않는 것이다."[457]

넷째, 가족들이 서로 상처 받은 것을 말하고 용서한 후에 화해의 시간을 갖도록 하자. 가족 여행을 함께 가면 더욱 좋다. 그러나 여행을 가지 못한다하더라도 가족 모두에게 행복을 줄 수 있는 작은 파티를 계획해보자. 가장 사랑을 많이 주면서 동시에 가장 많은 상처를 주는 사람이 바로 나의 가족이다. 나의 형제, 자매, 부모, 자녀인 것을 기억하자. 우리가 서로 용서하고 사랑하지 않으면 안 될 이유는, 그 사람이 바로 나의 사랑하는 가족이기 때문이다.

19. 자녀교육 : 어린이는 어른의 아버지

가수 이승윤 씨는 2021년 2월 JTBC 〈싱어게인〉에서 대상을 받아서 유명해졌다. 유튜버 이승국 씨도 이름이 많이 알려진 인물이다. 오래전 이재철 목사의 자녀로 알려진 이승윤 씨, 이승국 씨. 그러나 이제는 가수 이승윤, 그리고 유튜버 이승국의 아버지로 이재철 목사가 알려지고 있다. 이재철 목사는 은퇴하기 전 '한국 신학생들이 가장 만나고 싶어하는 목회자'로 알려졌다. 홍성사 대표, 주님의 교회 개척 담임목사, 스위스 제네바 한인교회 담임목사, 한국기독교 선교 100주년 기념교회로 담임목사로 섬긴 이재철 목사는 한국교회에 많은 영향을 준 목회자다. 이재철 목사가 네 아들을 키운 이야기를 소개했다.

아이들은 제각각이다

자녀는 제각각이다. 쌍둥이도 다르다. 이재철 목사의 자녀들도 마찬가지다. 이재철 목사는 네 명의 아들(승훈, 승국, 승윤, 승주)의 어린 시절이 너무 달랐다. 부모는 자녀가 독특한 존재라는 것을 알고 있어야 한다. 자녀에게 그들의 부모가 있지만 근본적으로 그 자녀들은 하나님의 형상으로 지음 받은 하나님의 자녀다. 부모는 '내 자녀'인 동시에 '하나님의 자녀'인 내 아이들의 독특성을 인정해야 한다. 자녀를 있는 그대로 받아들이는 노력을 부모가 해야 한다. 부모가 원하는 자녀를 만들려고 하면 자녀가 매우 힘들어진다.

본대로 배우는 자녀들

자녀교육은 '도제교육'의 성격이 강하다. 자녀교육은 지식을 전수하는 것이 전부가 아니다. 오히려 자녀는 부모의 삶을 통해서 많은 것을 보고 배운다. ≪아이에게 배우는 아빠≫에서 네 명의 아들들이 그들의 부모에게서 무엇을 배웠는지는 기록되어 있지 않다. 그러나 부모에게서 보고 배우며 자란 네 아들의 어린 시절의 삶의 이야기가 기록되어 있다. 아이들의 좌충우돌 성장의 스토리는 "부모의 진실한 삶의 모습과 깊은 신앙에서" 비롯된 것이다. 부모는 자기 자녀에게 "내가 말하는 대로 행하라"라고 말한다. 그러나 자녀는 "부모가 행하는 대로" 따라한다. 이재철 목사의 네 아들은 믿음의 부모의 삶을 보고 배운대로 믿음으로 잘 자랐다. 자녀에게 훈계는 할 수 있다. 그러나 자녀는 부모의 훈계대로 자라지 않고, 부모의 말과 행동이 일치하는 모습을 보면서 자란다.

서로에게 친구가 되는 형제들

자녀교육은 부모에게서 영향받는 것이 전부가 아니다. 화목한 가정 안에서 형제들이 서로에게 영향을 주면서 같이 자라간다. 옛날에는 큰 아이가 막내를 업어주었다. 이것이 꼭 나쁜 것이 아니다. 나이 많은 형제는 동생을 돌보면서 빨리 성숙해질 수 있다. 어린 자녀는 부모가 아니라 다른 형제를 통해서 어려서 배워야 할 귀중한 인생의 교훈을 얻게 된다. 자녀가 배워야 할 모든 것은 꼭 부모에게서 나오는 것만은 아니다.

승윤이는 초등학교에 입학해서 형들처럼 당연히 반장이 될 것으로 기대했지만 그렇게 되지 못했다. 크게 실망한 승윤이에게 승훈과 승국 두 형은 "우리가 친구들을 섬겼기 때문에 반장이 된 것"이라고 가르쳐 주었다. 3학년이 된 승윤이는 반장 선거를 앞두고 친구들 앞에서 "나를 반장으로 뽑아 주시면 여러분의 걸레가 되겠습니다"라고 말했다.[458] 열심히 섬기겠다는 표현이었다. 이렇게 자녀의 성장은 부모를 통해서만 이뤄지는 것이 아니다. 형제들이 서로에게 영향을 주면서 아름다운 성장이 이뤄지게 된다.

이재철 목사가 쓴 ≪아이에게 배우는 아빠≫는 "내가 부모로서 자녀교육을 잘 했다"는 내용을 담고 있지 않다. 오히려 어린아이들의 성장 이야기를 있는 그대로 쓰면서 거기서 이재철 목사가 배운 내용과 느낀 점 그리고 신앙적인 교훈을 기록하고 있다. 참된 자녀교육을 시도한 부모라면 자녀교육을 통하여 부모 자신이 영적으로 성장하는 경험을 갖게 될 것이다. 영국의 계관시인 워즈워드는 "어린이는 어른의 아버지"[459]라는 말을 했다.[460] 이재철 목사는 네 명의 아들을 통해서 많은 것을 배웠다.

Z세대의 자녀를 둔 기성 세대 부모는 지금이라도 자녀와 소통하기를 힘써야 한다. 어린 자녀에게는 부모가 많은 영향을 줄 수 있다. 그러나

어느 정도 성장한 자녀에게 영향을 주는 것은 쉽지 않다. 그러나 부모가 지속적으로 자녀에게 관심을 두고 자녀와 대화하려는 노력을 해야 한다.

Z세대 자녀와 X세대 부모의 콜라보 <자녀교육>

부모님에게 '가훈'이 무엇인지 물어보자. 부모와 자녀 모두가 아는 '가훈'이 있다면, 가훈대로 우리 가정이 지내왔는지 평가해 보는 시간을 가져보자. 자녀가 부모님에게 '자녀 교육 철학'이 있었는지, 있었다면 무엇인지 물어보자. 자녀가 부모를 괴롭힐 목적이 아니라, '지금까지 키워준 것에 감사하는 마음'으로, "어떻게 지금까지 저희를 키워주셨느냐?"라는 부분에 대해서 질문해 보는 것이다. 그리고 부모도 자녀와의 대화를 통해서, 자녀교육에 조금 잘못된 부분은 방향을 바꾸어서 모두에게 긍정적인 쪽으로 나가게 하자. 세상에 완벽한 부모도, 또 완전한 자녀도 없다. 서로에게 최선의 것을 요구하지만 정작 자신은 최선의 사람이 아닌 것을 기억하자. 이 분이 바로 나의 부모이며, 이 자녀가 내가 아끼고 사랑해온 나의 자녀다.

Note.

첫째, 가훈(家訓)을 확인해보자. 아직 없다면, 또는 두 개 이상의 가훈이 있다면 이 기회에 정리하자. 하나의 가훈을 정하자.

둘째, 온 가족이 합의한 가훈이 잘 실천되고 있는지 평가해보자. 긍정적인 평가를 해보자. 잘 되지 못했다면 개선의 방향을 의논하고, 잘 되었다면 더욱 서로를 격려하자.

셋째, 부모님에게 '자녀교육 철학'이 어떤 것인지 물어보자. 어떤 '교육철학'을 가지셨는지 물어보자. 이것이 부모님을 괴롭히는 시간이 되어서는 안 될 것이다. 만약 그 부분이 부족했다면 앞으로 부모님께서 어떻게 자녀교육을 하실 것인지에 대한 의견을 물어보도록 하자.

넷째, 다함께 '가족 사진'을 찍어 보자. 행복한 가족들의 모습이 담긴 사진을 찍는 추억의 시간을 만들자. 우리 가족은 전에도 그랬지만 앞으로도 우리 가족이다. 행복은 누가 갖다 주는 것이 아니다. 우리 가족들이 함께 행복을 만들어가야 한다는 것을 잊지 말자.

20. 부모 : 부모 연습

운전면허를 얻기 위해서 자동차 학원에 다닌다. 사실 운전면허만 소지하고 실제 운전하지 않는 '장롱 면허'도 있다. 운전면허를 따기도 어렵고, 실제로 운전하는 것은 더욱 어렵다. 좋은 부모가 되는 것은 쉽지 않다. 부모가 되기는 쉽지만 좋은 부모가 되는 것은 매우 어렵다. 자녀가 가장 많이 사랑받는 곳이 가정이다. 동시에 자녀가 가장 많이 상처받는 곳이 바로 가정이다. 사랑해 주고 상처 주는 사람이 바로 '그들의 부모들'이다. 자녀에게 상처를 주지 않고 하나님의 사랑을 잘 전해주는 부모가 되는 것은 결코 쉬운 일이 아니다.

자동차 면허가 있어야 운전을 할 수 있는데, 부모가 되는 데 시험도 없다. 부모 면허도 없다. 미혼일 때는 "나는 좋은 부모가 되어야지"라는 생각을 한다. 그러나 막상 부모가 되고 나면 "자녀교육이 마음대로 되지 않는다."라고 말한다. 나름대로 노력하지만 자녀교육이 뜻대로 되지 않는다. 그러나 이제라도 '좋은 부모'가 되려고 노력해야 한다. 가장 늦었다고 생각할 때가 사실은 가장 빠를 때가 될 수도 있다. 어떻게 하면 좋은 부모가 될 수 있을까?

〈 표27 〉 부모와 학부모의 역할 관계[461]

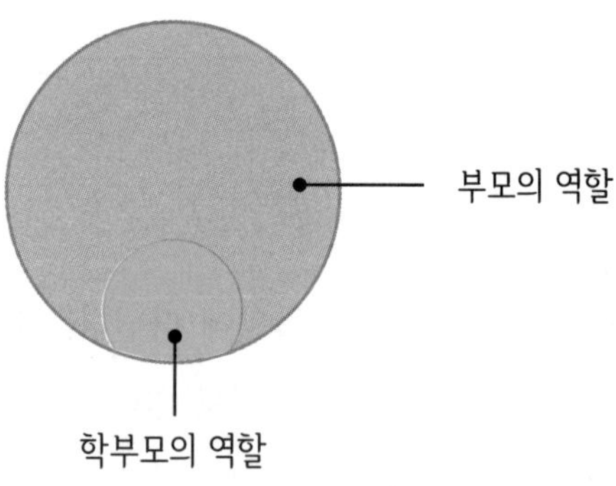

자녀는 '내 소유'가 아니다

자녀가 '하나님의 자녀'라는 것을 인식하게 될 때 근본으로 자녀교육이 변화하게 될 것이다. 자녀를 택배 상자를 받아 보듯이 바라보면 참된 교육을 할 수 없다. 자녀는 하나님께서 우리에게 맡겨 주신 선물이다. 자녀는 부모의 소유물이 아니다. "자녀를 하나님의 자녀로 키우는 것이 얼마나 힘든 일인가?" 그러나 자녀를 하나님의 자녀로 키우는 일보다 더 보람된 일은 없다. 그렇게 하기 위해서 자녀에 대한 관점을 바꿔야 할 필요가 있다.

"학부모가 되지 말고 부모가 되어야 한다." 부모는 자녀에게 모범을 보여주고 자녀를 사랑해야 할 사람이다. 부모는 자녀에게 '공부 열심히 하라'는 말만 하는 사람이 아니다.

〈 표28 〉 원가정 들여다보기[462]

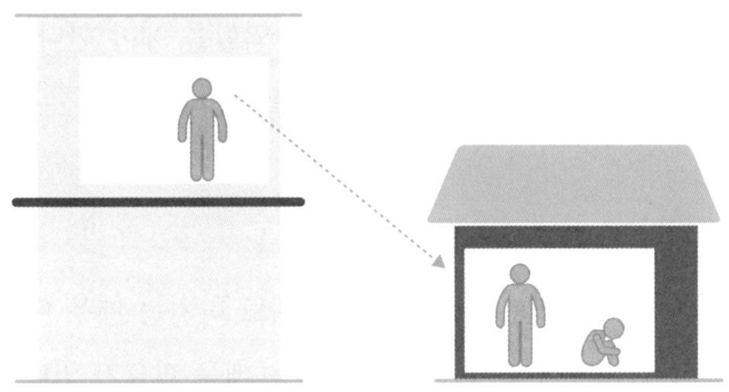

자녀를 관찰하고, 자녀 곁에서 머물러 있어야 한다

자녀를 객관화하는 두 가지 방법이 있다. 그중 하나는 '자리 바꾸기'다. 상담과 코칭에서 사용하는 '자리 바꾸기'(position change)이다. 테이블을 가운데 두고 마주 보는 두 사람이 각각 자리를 바꿔서 앉아보는 것이다. 그렇게 함으로 상대방을 이해하고 상대의 상황을 객관적으로 바라보는 통찰력을 얻게 된다.[463]

또 한 가지 방법은 '타인의 눈으로 우리 집을 들여다 보는 것'이다. 부모를 객관적으로 위하여, 내가 자란 원가정의 집 전체가 유리로 되어 있어서 안이 훤히 들여다보이고 그 안에 살고 있는 부모와 형제들의 말소리가 다 들린다고 가정해보는 방법이다. '타인'이 되어 옆집을 보는 것처럼 자신의 가정을 들여다보는 것이다.[464]

이렇게 자녀를 관찰하고 자녀를 도울 수 있도록 노력해야 한다. 부모는 자녀의 곁에서 자녀를 위로하고, 격려하고, 교훈하고, 가르쳐야 한다. 부모는 자녀의 장점을 극대화해주는 역할을 해야 한다. 또한 부모는 자녀의 약점을 보완할 수 있도록 도움을 주어야 한다.

부모는 상담가와 코치가 돼야 한다

부모가 되기는 쉽지만 부모 역할을 제대로 하기는 매우 어렵다. 좋은 부모가 되기 위해서 부모가 상담과 코칭을 배울 필요가 있다. 어설프게 상담과 코칭을 배워서 자녀를 피곤하게 하는 부모들도 있다. 그러나 자녀의 미래를 위해서 부모가 겸손하게 상담과 코칭을 잘 배워서 자녀교육에 사용하는 것은 매우 좋은 일이다.

함께 성장하는 부모와 자녀

사실 부모들 가운데 어려서 자기의 부모에게 상처받은 경우가 적지 않다. 부모가 되어서 자녀교육을 할 때 부모가 자녀와 함께 영적으로 성장할 수 있다. 부모가 자녀교육을 포기하지 않고, 최선을 다해야 할 이유가 있다. 자녀를 잘 인도할 때, 부모 자신도 영적으로 성장할 수 있고 어렸을 때 받은 상처가 치유되는 경험을 갖게 될 수도 있다.

Z세대 자녀와 X세대 부모의 콜라보 <부모>

행복한 부모가 되어야 한다. 부부가 서로 존중하고 사랑하는 관계를 가져야 한다. 그리고 부모가 사랑의 마음으로 자녀를 대해야 한다.

어린 자녀들이 가정에서 사랑의 경험을 많이 가져야 한다. 자녀가 가정에서 부모에 의해서 용납받고, 존중받아야 한다. 자녀교육은 행복한 가정에서 이뤄질 수 있다. 사랑과 배려는 이론적으로 가르칠 수 있는 것이 아니다. 실제 가정에서 사랑과 배려를 받음으로 그것을 배울 수 있다. 실제 삶에서 사랑과 배려를 받은 아이는 자라서 사랑과 배려를 실천하게 될 것이다.

좋은 부모가 필요하다. 알파 세대와 Z세대를 잘 이끌어 줄 수 있는 부모가 필요하다. 자녀의 위기는 피할 수 없지만, 좋은 부모가 있다면 자녀들이 위기를 기회로 바꿀 수 있게 될 것이다.

Note.

첫째, 부모로서 부족한 점은 없었는지 반성하는 일기(日記)를 써보자. 거창하게 일기를 쓸 수 없다면 메모지에 부모로서 지금까지 가져온 여러 가지 기쁘거나 슬프거나 힘들거나 행복했던 감정을 기록해보자.

둘째, 좋은 부모가 되기 위해서 멘토로 삼아야 할 분은 없는지 깊이 생각해보자. 이 시대는 '존경받는 부모'가 많이 나와야 한다. 부모 스스로 최선을 다해서 그 역할을 감당해왔으리라 믿는다. 그래도 앞으로 더 좋은 부모가 되기 위해서 멘토(Mentor)로 삼을 대상을 정해 보자.

셋째, 멘토로 정한 분을 따라서 '더 좋은 부모'가 되기 위한 실천리스트를 만들어보자.

넷째, 부부가 서로 아끼고 사랑하는 사이가 되어야 한다. 가장 좋은 자녀교육의 방법 중 하나는, 부부가 서로 존경하고 아끼고 사랑하는 것이다. 우리 부부의 관계는 점수로 몇 점 정도 되는지 점검해보자.

다섯째, 온 가족이 부모님을 축복하는 시간을 갖도록 해보자. 수고하신 부모님께 감사의 편지도 쓰고, 가능하다면 자녀들이 부모님께 용돈이나 감사의 선물도 전해드리자. 우리 부모님이 없었다면, 오늘 자녀들이 어떻게 존재할 수 있었겠는가! 모두에게 축복과 감사의 시간이 될 수 있도록 '부모님을 기쁘게 해드리는 파티'를 열어보자.

결론

Z세대는 우리가 살펴본 대로 스스로 다른 이들에게 도움을 요청하지 않을 가능성이 높다. 그리고 뭘 도와주려는 사람을 '꼰대'로 인식하고 곱지 않은 시선으로 바라볼 가능성이 매우 높다. 그럼에도 불구하고 Z세대를 진심으로 이해하고 도와줄 사람들이 필요하다. Z세대를 도울 수 있는 사람들은 그들의 친구, 선배, 후배, 그리고 부모와 교사들일 수 있다. 그들에게 도움을 주려면 어떻게 해야 할까?

첫째, 꼰대 의식을 버려야 한다. 사실 '어떻게 인도할 것인가?'라는 아젠다 역시 Z세대에게 맞지 않는다. 스스로 나아오도록 해야지, 이끌겠다는 것이 이들과 맞지 않는다. 나이, 권위, 경험을 가지고 Z세대에게 어필할 수 없다. 진정성, 소통의 노력이 Z세대를 이끌 수 있다.

둘째, Z세대를 돕는 것이 쉽지 않다는 것을 인정해야 한다. Z세대와 소통하기가 얼마나 쉬울까? 여러분의 가정을 생각해보면 된다. 어린 손자, 손녀들. 아들, 딸들과 소통이 얼마나 잘 되고 있는가? 잘 안 된다는 반응이 대부분일 것이다. Z세대는 대하기 매우 어렵다. 이것을 인정할 때 소통의 방법을 찾을 수 있다.

셋째, 연구해야 한다. Z세대를 알아야 한다. Z세대의 특성을 알아야 한다. 이들을 교화의 대상, 가르침의 대상으로 생각하지 말고 진정 열린 마음으로 '이들이 누구인지?' 알려고 노력해야 한다. 그래야 그들을 제대로 품을 수 있다.

넷째, 그들의 말과 그들의 소리없는 외침에 귀를 기울여야 한다. 설득하고 싶다면, 먼저 귀를 기울여야 한다. 다음 세대를 알고 싶다면, 먼저 그들에게 귀 기울여야 한다.

다섯째, 그들에게 신뢰를 줄 수 있도록 먼저 신뢰를 쌓아야 한다. 오랫동안 이들과 신뢰의 관계를 쌓아야 한다. 기업들이 마케팅을 위해서 얼마나 체계적으로, 또 얼마나 오랫동안 Z세대에 공을 들이고 있는지 알아야 한다.

여섯째, 모바일(스마트폰)을 지혜롭게 사용할줄 알아야 한다. 구글에 의하면, 13~17세 청소년의 53%가 스마트폰으로 온라인 쇼핑을 즐긴다. 모바일을 통하지 않으면 안 된다. 물고기를 잡으려고 한다면 물고기가 있는 곳으로 가야 한다. 모바일에 Z세대가 있다. 당연히 모바일 사역에 집중해야 한다.

일곱째, 인플루언서를 찾아야 한다. Z세대에게 영향을 줄 수 있는 '인플루언서'를 찾아야 한다. 또한 '인플루언서'를 양성해야 한다. Z세대와 소통하고, 영향을 주는 사람을 키워야 한다. 인플루언서(Influencer)는 '타인에게 영향을 끼치는 사람'이라는 뜻으로, 인스타그램이나 유튜브 등 각각의 SNS 채널 별로 엄청난 수의 팔로워를 보유하고 트렌드를 선도한다. 이들은 연예인처럼 유명하거나 뛰어난 외모와 퍼포먼스로 인기를 끌지 않으면서도 일반인들에게 막대한 영향력을 끼친다. Z세대는 그 누구보다도 인플루언서에게 민감하게 반응한다.

여덟째, 또래 집단을 활용해야 한다. Z세대는 또래 집단에 영향을 많이 받는다. 스마트폰을 매개로 한 소셜미디어, 그리고 친구들과의 네트워크가 그들에게 큰 영향을 주고 있다. 청소년, 청년 사역에서도 또래 집단이 선한 영향력을 발휘하게 해야 한다.

아홉째, 다음 세대를 진심으로 환영해야 한다. Z세대는 스마트폰으로 구매 결정을 하지만, 매장에서 얼마나 친절한지 그 제품이 얼마나 유용한지를 따져 본다. 어린이, 청소년과 청년들을 진심으로 환영해야 한다. 진심은 통한다. 감동을 줄 수 있다면 최선이다. 한두 번은 마음을 사로잡을 수도 있다. 그러나 오랫동안 감동을 주려면 진심밖에 없다.

열째, 소통해야 한다. 소통을 위한 노력을 해야 한다. Z세대의 마음을 잡기 위해서 각 사람을 독특한 개개인으로 인정하고, 그와 같은 시각에서 소통해야 한다. 토마스 쿨로폴리스는 "Z세대를 가르치려고 하지 마세요. 그들은 누군가 자신을 가르치려고 하는 걸 대단히 싫어한다."라고 말했다.

열한째, 공정 이슈에 주목해야 한다. Z세대는 어느 세대보다 공정에 민감하게 반응한다. 교회와 성도들이 공정해야 한다. 공정하지 못하면 그들의 마음을 얻기 어렵다.

열두째, 윤리적인 지침을 갖고 있어야 한다. Z세대가 공정의 이슈에 민감하게 반응하지만, 항상 윤리적으로 올바른 것은 아니라고 할 수 있다. 그러므로 윤리적으로 바른 규범을 가지고 있어야 한다. 그러나 그것을 가르치려고 들면 안 된다. 그들과 소통하려고 해야 한다.

열셋째, Z세대는 매우 불안한 감정을 갖고 있다. 그들은 안정적인 것을 원한다. 심지어 젊고 어린 나이임에도 불구하고 전문가들은 'Z세대가 보수적'이라고 평가한다. 그들이 추구하는 가치는 '안전'이다. 그러나 세상은 안전하지 않다. 그리고 그들 앞에 놓여 있는 수많은 어려운 문제들 앞에서 그들은 힘들어한다. 그것을 알고 그들을 도와 주어야 한다.[465]

이제 우리는 Z세대와 콜라보를 이루도록 해야 한다. 이를 위하여 부모와 자녀가 함께 노력하자. 자녀와 부모가, 그리고 우리 모두가 함께 자기 계발을 하고, 함께 독서하고, 부정적 감정을 통제하고, 리더십 훈련을 하고, 혁신의 정신을 가지고, 공동의 행복을 위해서 노력하고, 좋은 부모와 자녀가 되도록 노력하자. ‘콜라보’는 ‘협동하는 것’, ‘협업하는 것’을 말한다. 행복한 Z세대 자녀, 또 행복한 X세대 부모, 그리고 행복한 가정과 우리 모두를 위해 다함께 힘써 나아가자!

미주

1) 임홍택, *90년생이 온다*, (서울: ㈜웨일북, 2018년), 135.
2) Ingrid von Oelhafen & Tim Tate. *Hitler's Forgotten Children 나는 히틀러의 아이였습니다* 강경이 옮김 (서울: ㈜휴머니스트출판그룹, 2021년), 56.
3) Ingrid von Oelhafen & Tim Tate. *앞의 책*, 90.
4) Ingrid von Oelhafen & Tim Tate. *앞의 책*, 18.
5) Ingrid von Oelhafen & Tim Tate. *앞의 책*, 158.
6) 조영태, *인구 미래 공존* (서울: 북스톤, 2021), 21.
7) 조영태, *앞의 책*, 23.
8) 조영태, *앞의 책*, 93.
9) 조영태, *앞의 책*, 70.
10) 조영태, *앞의 책*, 99.
11) 조영태, *앞의 책*, 132~134.
12) 김난도 외, *트렌드 코리아* 2022, (서울: 미래의 창, 2021년), 169.
13) 조영태, *인구 미래 공존*, 163.
14) Ruth Benedict, *The Chsanthemum and the sword: Patterns of Japanese Culture 국화와 칼* 김윤식, 오인식 옮김 (서울: ㈜을유문화사, 2019년: 6판), 책갈피.
15) Klaus Schwab & Thierry Malleret, *Covid-19: The Great Reset 크라우스 슈밥의 위대한 리셋* 이진원 옮김 (서울: 메가스터디, 2021년), 15.
16) Klaus Schwab & Thierry Malleret, *앞의 책*, 51.
17) Klaus Schwab & Thierry Malleret, *앞의 책*, 61.
18) Klaus Schwab & Thierry Malleret, *앞의 책*, 96.
19) Klaus Schwab & Thierry Malleret, *앞의 책*, 142.
20) Klaus Schwab & Thierry Malleret, *앞의 책*, 190.
21) Klaus Schwab & Thierry Malleret, *앞의 책*, 287.
22) Klaus Schwab & Thierry Malleret, *앞의 책*, 298.
23) Klaus Schwab & Thierry Malleret, *Covid-19: The Great Reset 크라우스 슈밥의 위대한 리셋* 이진원 옮김 (서울: 메가스터디, 2021년), 17.
24) 김미경, *REBOOT 김미경의 리부트* (서울: ㈜웅진씽크빅), 30.

25) 김미경, *REBOOT 김미경의 리부트*, 63~131.
26) https://100.daum.net/encyclopedia/view/47XXXXXb1340 Daum 백과 검색.
27) 최재천, *생태와 인간 코로나 사피엔스*, (서울:㈜인플루엔셜, 2020년), 21.
28) 최재천, *앞의 책*, 38.
29) 장하준, *경제의 재편 코로나 사피엔스*, (서울:㈜인플루엔셜, 2020년), 58.
30) 최재붕, *문명의 전환 코로나 사피엔스*, (서울:㈜인플루엔셜, 2020년), 77.
31) 최재천, *문명의 전환 코로나 사피엔스*, 84.
32) 홍기빈, *새로운 체제 코로나 사피엔스*, (서울:㈜인플루엔셜, 2020년), 112.
33) 김누리, *세계관의 전복 코로나 사피엔스*, (서울:㈜인플루엔셜, 2020년), 142.
34) 김누리, *세계관의 전복 코로나 사피엔스*, 147.
35) 김경일, *행복의 척도 코로나 사피엔스*, (서울:㈜인플루엔셜, 2020년), 159.
36) 김난도 외, *트렌드 코리아 2019*, (서울: 미래의 창, 2018년), 57.
37) Jason Dorsey and Denise Villa, *Z-conomy 제트코노미* 윤태경 옮김 (서울: ㈜서울문화사), 300.
38) Jason Dorsey and Denise Villa, *앞의 책*, 299
39) Jason Dorsey and Denise Villa, *앞의 책*, 300.
40) Jason Dorsey and Denise Villa, *앞의 책*, 301
41) 최재붕, *포노 사피엔스*, (서울: ㈜샘앤파커스, 2019년), 6.
42) 최재붕, *앞의 책*, 25.
43) 최재붕, *앞의 책*, 31.
44) 최재붕, *앞의 책*, 33.
45) 최재붕, *앞의 책*, 56.
46) 최재붕, *앞의 책*, 36.
47) Jeff Fromm and Angie Read, *Making to Gen Z 최강소비권력 Z세대가 온다* 임기영 옮김 (서울: ㈜홍익출판사, 2018년), 56.
48) 최재붕, *포노 사피엔스*, 101.
49) 최재붕, *앞의 책*, 52. (2019년 3월 현재)
50) 최재붕, *앞의 책*, 58.
51) 최재붕, *앞의 책*, 97~89.
52) 최재붕, *앞의 책*, 99~100.

53) 최재붕, *포노 사피엔스*, 102.
54) 최재붕, *앞의 책*, 117.
55) 최재붕, *앞의 책*, 113.
56) 최재붕, *앞의 책*, 113~116.
57) 최재붕, *앞의 책*, 119.
58) 최재붕, *앞의 책*, 160.
59) 최재붕, *앞의 책*, 161.
60) 최재붕, *앞의 책*, 164.
61) 최재붕, *앞의 책*, 183.
62) 최재붕, *앞의 책*, 189~190.
63) 최재붕, *앞의 책*, 193.
64) 최재붕, *앞의 책*, 238.
65) 최재붕, *앞의 책*, 239.
66) 최재붕, *앞의 책*, 271.
67) 최재붕, *앞의 책*, 272.
68) 최재붕, *앞의 책*, 280.
69) 최재붕, *앞의 책*, 301~302.
70) Jason Dorsey and Denise Villa, *Z-conomy 제트코노미*, 87.
71) Jason Dorsey and Denise Villa, *앞의 책*, 86.
72) Jason Dorsey and Denise Villa, *앞의 책*, 92~93.
73) Jason Dorsey and Denise Villa, *앞의 책*, 90.
74) Jason Dorsey and Denise Villa, *앞의 책*, 93.
75) Jason Dorsey and Denise Villa, *앞의 책*, 95.
76) Jason Dorsey and Denise Villa, *앞의 책*, 96.
77) Jason Dorsey and Denise Villa, *앞의 책*, 97.
78) Jason Dorsey and Denise Villa, *앞의 책*, 99.
79) Jason Dorsey and Denise Villa, *앞의 책*, 100~101.
80) 최재붕, *CHANGE9*, (서울: ㈜샘앤파커스, 2020년), 11.
81) 최재붕, *앞의 책*, 6.
82) 최재붕, *앞의 책*, 7.

83) 최재붕, *CHANGE9*, 8.
84) 최재붕, *앞의 책*, 72.
85) 최재붕, *앞의 책*, 78~79.
86) 최재붕, *앞의 책*, 93~95.
87) 최재붕, *앞의 책*, 109~110.
88) 최재붕, *앞의 책*, 112~113.
89) 최재붕, *앞의 책*, 116.
90) 최재붕, *앞의 책*, 119~121.
91) 최재붕, *앞의 책*, 141.
92) 최재붕, *앞의 책*, 149.
93) 최재붕, *앞의 책*, 143.
94) 최재붕, *앞의 책*, 150.
95) 최재붕, *앞의 책*, 195.
96) 지금은 'FANG'이다. 페이스북, 아마존, 넷플릭스, 구글.
97) 최재붕, *CHANGE9*, 199.
98) 최재붕, *앞의 책*, 200.
99) 최재붕, *앞의 책*, 280.
100) 최재붕, *앞의 책*, 286.
101) 최재붕, *앞의 책*, 287.
102) 최재붕, *CHANGE9*, 305.
103) 최재붕, *앞의 책*, 309.
104) Jeff Fromm and Angie Read, *Making to Gen Z 최강소비권력 Z세대가 온다*, 79.
105) AccelerationStudies Foundation.
106) 김상균, *메타버스*, (화성: 프랜비디자인, 2020년), 23.
107) 김상균, *앞의 책*, 44~46.
108) 김상균, *앞의 책*, 53~57.
109) 김상균, *앞의 책*, 58~63.
110) 김상균, *앞의 책*, 64~66.
111) 김상균, *앞의 책*, 72~75.
112) 김상균, *앞의 책*, 77~82.

113) 김상균, *메타버스*, 83~86.
114) 김상균, *앞의 책*, 94~96.
115) 김상균, *앞의 책*, 97~99.
116) 김상균, *앞의 책*, 100~103.
117) 김상균, *앞의 책*, 106~109.
118) 김상균, *앞의 책*, 111~115.
119) 김상균, *앞의 책*, 116~117.
120) 김상균, *앞의 책*, 122~126.
121) 김상균, *앞의 책*, 128~131.
122) 김상균, *앞의 책*, 135~138.
123) 김상균, *앞의 책*, 156~157.
124) 김상균, *앞의 책*, 160~161.
125) 김상균, *앞의 책*, 163~169.
126) 김상균, *앞의 책*, 170~173.
127) 김상균, *앞의 책*, 175~177.
128) 김상균, *앞의 책*, 179~183.
129) 김상균, *앞의 책*, 185~188.
130) 김상균, *앞의 책*, 190~192.
131) 김상균, *앞의 책*, 212~214.
132) 김상균, *앞의 책*, 218~219.
133) 김상균, *앞의 책*, 235~238.
134) 김상균, *앞의 책*, 251~254.
135) 김상균, *앞의 책*, 255~259.
136) 김상균, *앞의 책*, 262~264.
137) 최재붕, *최재붕의 메타버스 이야기*, (하남: 북인어박스, 2022년), 119~120.
138) 최재붕, *앞의 책*, 122.
139) 최재붕, *앞의 책*, 124.
140) 최재붕, *앞의 책*, 125.
141) 최재붕, *앞의 책*, 140.
142) 이경진, *궁극의 가치를 실현하는 '인공지능' 세븐 테크(SEVEN TECH)* (파주: 웅진지식하우스, 2022년), 59.

143) 이경진, *궁극의 가치를 실현하는 '인공지능' 세븐 테크(SEVEN TECH)*, 60.
144) 이경진, *앞의 책*, 63.
145) 이경진, *앞의 책*, 64.
146) 이경진, *앞의 책*, 64.
147) 이경진, *앞의 책*, 83.
148) 이경진, *앞의 책*, 84.
149) 이경진, *앞의 책*, 91~92.
150) 이지성, *에이트*, (서울: 차이정원, 2019년), 249.
151) 이지성, *앞의 책*, 61~63.
152) 이지성, *앞의 책*, 64~65.
153) 이지성, *앞의 책*, 80~81.
154) 이지성, *앞의 책*, 84.
155) 이지성, *앞의 책*, 140.
156) 이지성, *앞의 책*, 145.
157) 이지성, *앞의 책*, 146~147.
158) 이지성, *앞의 책*, 151~152.
159) 이지성, *앞의 책*, 159~160.
160) 이지성, *앞의 책*, 160~161.
161) 이지성, *앞의 책*, 165.
162) 이지성, *앞의 책*, 169.
163) 이지성, *앞의 책*, 181.
164) 이지성, *앞의 책*, 184.
165) 이지성, *앞의 책*, 189~190.
166) 이지성, *앞의 책*, 191~193.
167) 이지성, *앞의 책*, 194.
168) 이지성, *앞의 책*, 197.
169) 이지성, *앞의 책*, 205.
170) 이지성, *앞의 책*, 208.
171) 이지성, *앞의 책*, 209.
172) 이지성, *앞의 책*, 211.

173) 이지성, *에이트*, 215.
174) 이지성, *앞의 책*, 216.
175) 이지성, *앞의 책*, 221.
176) 이지성, *앞의 책*, 224.
177) 이지성, *앞의 책*, 237.
178) 이지성, *앞의 책*, 238.
179) 이지성, *앞의 책*, 249
180) 이지성, *앞의 책*, 253.
181) 김일국, *인공지능과 딥러닝을 이기는 법*, 코람데오닷컴 2021년 5월 27일자. http://www.kscoramdeo.com/news/articleView.html?idxno=19857
182) 이경진, *궁극의 가치를 실현하는 '인공지능' 세븐 테크*(SEVEN TECH), 64.
183) 이경진, *앞의 책*, 64~65.
184) 이경진, *앞의 글*, 66.
185) 이지성, *에이트 씽크*, (서울: 차이정원, 2020년), 63~64.
186) 이지성, *앞의 책*, 65~66.
187) 이지성, *앞의 책*, 293.
188) 이지성, *앞의 책*, 299.
189) 이지성, *앞의 책*, 301~303.
190) 이지성, *앞의 책*, 303~304.
191) 이지성, *앞의 책*, 309.
192) 이지성, *앞의 책*, 310.
193) 이지성, *앞의 책*, 311~313.
194) 이지성, *앞의 책*, 322.
195) 이지성, *앞의 책*, 319~320.
196) 이지성, *앞의 책*, 325~326.
197) 이지성, *앞의 책*, 327~328.
198) 이지성, *앞의 책*, 330.
199) 이지성, *앞의 책*, 336.
200) 이지성, *앞의 책*, 341.
201) 이지성, *앞의 책*, 342.

202) 이지성, *에이트 씽크*, 347.
203) 이지성, *앞의 책*, 348~349.
204) 이지성, *앞의 책*, 350~351.
205) 이지성, *앞의 책*, 352.
206) 이지성, *앞의 책*, 353~354.
207) 이지성, *앞의 책*, 357.
208) 2019년 Z세대 현황조사에서 Z세대 구성원 79퍼센트가 다른 세대들이 Z세대를 잘 이해하지 못하는 듯 느껴진다고 답했다.
209) Jason Dorsey and Denise Villa, *Z-conomy 제트코노미*, 7.
210) Jason Dorsey and Denise Villa, *앞의 책*, 9.
211) Jason Dorsey and Denise Villa, *앞의 책*, 10.
212) Jason Dorsey and Denise Villa, *앞의 책*, 33.
213) Jason Dorsey and Denise Villa, *앞의 책*, 35.
214) Jason Dorsey and Denise Villa, *앞의 책*, 39.
215) Jason Dorsey and Denise Villa, *앞의 책*, 52.
216) Jason Dorsey and Denise Villa, *앞의 책*, 53.
217) Jason Dorsey and Denise Villa, *앞의 책*, 54.
218) Jason Dorsey and Denise Villa, *앞의 책*, 55~56.
219) Jason Dorsey and Denise Villa, *앞의 책*, 56~57.
220) Jason Dorsey and Denise Villa, *앞의 책*, 69.
221) Jason Dorsey and Denise Villa, *앞의 책*, 72.
222) Jason Dorsey and Denise Villa, *앞의 책*, 73.
223) Jason Dorsey and Denise Villa, *앞의 책*, 74. 알렉사, 시리에게 물어봄.
224) Jeff Fromm and Angie Read, *Making to Gen Z 최강소비권력 Z세대가 온다*, 23.
225) Jason Dorsey and Denise Villa, *제트코노미*, 75.
226) Jason Dorsey and Denise Villa, *앞의 책*, 78~80.
227) Jeff Fromm and Angie Read, *앞의 책*, 25.
228) Jeff Fromm and Angie Read, *앞의 책*, 30. 밀레니엄 세대를 '밀레니얼 세대'로 고쳐씀.
229) Jeff Fromm and Angie Read, *앞의 책*, 29~30.

230) Jeff Fromm and Angie Read, *Making to Gen Z 최강소비권력 Z세대가 온다*, 32~33.
231) Jeff Fromm and Angie Read, *앞의 책*, 34.
232) Jeff Fromm and Angie Read, *앞의 책*, 36~37.
233) Jeff Fromm and Angie Read, *앞의 책*, 38~39.
234) Jeff Fromm and Angie Read, *앞의 책*, 40~41.
235) Jeff Fromm and Angie Read, *앞의 책*, 42~43.
236) Jeff Fromm and Angie Read, *앞의 책*, 45.
237) Jeff Fromm and Angie Read, *앞의 책*, 44.
238) Jeff Fromm and Angie Read, *앞의 책*, 46~47.
239) Jeff Fromm and Angie Read, *앞의 책*, 49.
240) Jeff Fromm and Angie Read, *앞의 책*, 48~50.
241) Jeff Fromm and Angie Read, *앞의 책*, 57~59.
242) Jeff Fromm and Angie Read, *앞의 책*, 61.
243) Jeff Fromm and Angie Read, *앞의 책*, 64~65.
244) Jeff eromm and Angie Read, *앞의 책*, 66~67.
245) Jeff Fromm and Angie Read, *앞의 책*, 69~70.
246) Jeff Fromm and Angie Read, *앞의 책*, 74.
247) Jeff Fromm and Angie Read, *앞의 책*, 71.
248) Jeff Fromm and Angie Read, *앞의 책*, 76.
249) Jeff Fromm and Angie Read, *앞의 책*, 73.
250) Jeff Fromm and Angie Read, *앞의 책*, 77~78.
251) Jeff Fromm and Angie Read, *앞의 책*, 79.
252) Jeff Fromm and Angie Read, *앞의 책*, 80~81.
253) Jeff Fromm and Angie Read, *앞의 책*, 82~83.
254) Jeff Fromm and Angie Read, *앞의 책*, 127.
255) Jeff Fromm and Angie Read, *앞의 책*, 128.
256) Jeff Fromm and Angie Read, *앞의 책*, 129~130.
257) Jeff Fromm and Angie Read, *앞의 책*, 131.
258) Jeff Fromm and Angie Read, *앞의 책*, 132~133.

259) Jeff Fromm and Angie Read, *Making to Gen Z 최강소비권력 Z세대가 온다*, 134.

260) Jeff Fromm and Angie Read, *앞의 책*, 135~136.

261) Jeff Fromm and Angie Read, *Making to Gen Z 최강소비권력 Z세대가 온다*, 137.

262) Jeff Fromm and Angie Read, *앞의 책*, 138.

263) Jeff Fromm and Angie Read, 앞의 책, 139.

264) Jason Dorsey and Denise Villa, *Z-conomy 제트코노미*, 114.

265) Jason Dorsey and Denise Villa, *앞의 책*, 115.

266) Jason Dorsey and Denise Villa, *앞의 책*, 116.

267) Jason Dorsey and Denise Villa, *앞의 책*, 118.

268) Jason Dorsey and Denise Villa, *앞의 책*, 123.

269) Jason Dorsey and Denise Villa, *앞의 책*, 124.

270) Jason Dorsey and Denise Villa, *앞의 책*, 126~127.

271) Jason Dorsey and Denise Villa, *앞의 책*, 129.

272) Jeff Fromm and Angie Read, *Making to Gen Z 최강소비권력 Z세대가 온다*, 140.

273) Jeff Fromm and Angie Read, *앞의 책*, 141.

274) Jeff Fromm and Angie Read, *앞의 책*, 142.

275) Jeff Fromm and Angie Read, *앞의 책*, 143~144.

276) Jeff Fromm and Angie Read, *앞의 책*, 145.

277) Jeff Fromm and Angie Read, *앞의 책*, 147.

278) Jeff Fromm and Angie Read, *앞의 책*, 157.

279) Jeff Fromm and Angie Read, *앞의 책*, 158~159.

280) Jeff Fromm and Angie Read, *앞의 책*, 163~164.

281) Jeff Fromm and Angie Read, *앞의 책*, 174.

282) Jeff Fromm and Angie Read, *앞의 책*, 178~179.

283) Jeff Fromm and Angie Read, *앞의 책*, 181.

284) Jeff Fromm and Angie Read, *앞의 책*, 183.

285) Jeff Fromm and Angie Read, *앞의 책*, 186~187.

286) Jason Dorsey and Denise Villa, *Z-conomy 제트코노미*, 141.

287) Jason Dorsey and Denise Villa, *앞의 책*, 142.

288) Jason Dorsey and Denise Villa, *Z-conomy 제트코노미*, 143.
289) Jason Dorsey and Denise Villa, *앞의 책*, 144.
290) Jason Dorsey and Denise Villa, *앞의 책*, 145~146.
291) Jason Dorsey and Denise Villa, *앞의 책*, 146.
292) Jason Dorsey and Denise Villa, *앞의 책*, 147.
293) Jason Dorsey and Denise Villa, *앞의 책*, 149.
294) Jason Dorsey and Denise Villa, *앞의 책*, 151.
295) Jason Dorsey and Denise Villa, *앞의 책*, 152.
296) Jason Dorsey and Denise Villa, *앞의 책*, 194.
297) Jason Dorsey and Denise Villa, *앞의 책*, 196.
298) customer journey.
299) Jason Dorsey and Denise Villa, *Z-conomy 제트코노미*, 197.
300) Jason Dorsey and Denise Villa, *앞의 책*, 198.
301) Jason Dorsey and Denise Villa, *앞의 책*, 199.
302) Jason Dorsey and Denise Villa, *앞의 책*, 200.
303) Jason Dorsey and Denise Villa, *앞의 책*, 200~202.
304) Jason Dorsey and Denise Villa, *앞의 책*, 202.
305) Jason Dorsey and Denise Villa, *앞의 책*, 203~205.
306) Jeff Fromm and Angie Read, *Making to Gen Z 최강소비권력 Z세대가 온다*, 189.
307) Jeff Fromm and Angie Read, *앞의 책*, 190.
308) Jeff Fromm and Angie Read, *앞의 책*, 191.
309) Jeff Fromm and Angie Read, *앞의 책*, 194~198.
310) Jeff Fromm and Angie Read, *앞의 책*, 199~200.
311) Jeff Fromm and Angie Read, *앞의 책*, 204.
312) Roberta Katz, Sarah Ogilvie, Jane Shaw, Linda Woodhead, *Gen Z, Explained: GEN Z: 디지털 네이티브의 등장* 송예슬 옮김 (파주: ㈜문학동네, 2020년), 46.
313) Roberta Katz, Sarah Ogilvie, Jane Shaw, Linda Woodhead, *앞의 책*, 47.
314) Roberta Katz, Sarah Ogilvie, Jane Shaw, Linda Woodhead, *앞의 책*, 286.

315) Roberta Katz, Sarah Ogilvie, Jane Shaw, Linda Woodhead, *Gen Z, Explained: GEN Z: 디지털 네이티브의 등장*, 288.
316) Roberta Katz, Sarah Ogilvie, Jane Shaw, Linda Woodhead, *앞의 책*, 288.
317) Roberta Katz, Sarah Ogilvie, Jane Shaw, Linda Woodhead, *앞의 책*, 291.
318) Roberta Katz, Sarah Ogilvie, Jane Shaw, Linda Woodhead, *앞의 책*, 292.
319) Roberta Katz, Sarah Ogilvie, Jane Shaw, Linda Woodhead, *앞의 책*, 293.
320) Roberta Katz, Sarah Ogilvie, Jane Shaw, Linda Woodhead, *앞의 책*, 295.
321) Roberta Katz, Sarah Ogilvie, Jane Shaw, Linda Woodhead, *앞의 책*, 296.
322) Roberta Katz, Sarah Ogilvie, Jane Shaw, Linda Woodhead, *앞의 책*, 298.
323) Roberta Katz, Sarah Ogilvie, Jane Shaw, Linda Woodhead, *앞의 책*, 300.
324) https://ko.wikipedia.org/wiki/%EB%82%9C%EC%A4%91%EC%9D%BC%EA%B8%B0 위키백과 검색.
325) 김일국, *다음 세대를 구하는 7가지 법칙*, (서울: 기독교문서선교회, 2020년), 19.
326) 이순신, *난중일기(亂中日記)* 노승석 옮김 (서울: 도서출판 여해, 2014년), 74.
327) 김일국, *다음 세대를 구하는 7가지 법칙*, 20.
328) 이순신, *난중일기(亂中日記)*, 74.
329) 김유진, *나의 하루는 4시 30분에 시작된다*, (서울: 토네이도, 2020년), 14.
330) 김유진, *앞의 책*, 26.
331) 김유진, *앞의 책*, 27.
332) 김유진, *앞의 책*, 31~32.
333) 김유진, *앞의 책*, 38.
334) 김유진, *앞의 책*, 41.
335) 김유진, *앞의 책*, 51.
336) 김유진, *앞의 책*, 57.
337) 김유진, *앞의 책*, 72.
338) 김유진, *앞의 책*, 76.
339) 김유진, *앞의 책*, 87.
340) 김유진, *앞의 책*, 99.
341) 김유진, *앞의 책*, 103.
342) 김유진, *앞의 책*, 109~110.

343) 김유진, *나의 하루는 4시 30분에 시작된다*, 126.
344) 김유진, *앞의 책*, 127~128.
345) 김유진, *앞의 책*, 129.
346) 김유진, *앞의 책*, 142.
347) 박상배, *인생의 차이를 만드는 독서법 본깨적*, (고양: ㈜위즈덤하우스 미디어그룹, 2013년), 21.
348) 박상배, *앞의 책*, 72.
349) 박상배, *앞의 책*, 79.
350) 조신영, *고통을 한 글자로 줄이면 '꿈'이다*, 국방일보 2021년 8월 23일자. .
https://kookbang.dema.mil.kr/newsWeb/20210824/1/BBSMSTR_000000100134/view.do
351) 박상배, *인생의 차이를 만드는 독서법 본깨적*, 78~79.
352) 김형석, *백년의 독서*, (서울: 비전과 리더십, 2021년), 14~22.
353) 김형석, *앞의 책*, 24~26.
354) 김형석, *앞의 책*, 34~36.
355) 김형석, *앞의 책*, 45~46.
356) 김형석, *앞의 책*, 51~53.
357) 김형석, *앞의 책*, 68.
358) 김형석, *앞의 책*, 70~74.
359) 김형석, *앞의 책*, 80~87.
360) 김형석, *앞의 책*, 95.
361) 김형석, *앞의 책*, 103~105.
362) 김형석, *앞의 책*, 109.
363) 김형석, *앞의 책*, 138.
364) 김형석, *앞의 책*, 143.
365) 김형석, *앞의 책*, 169.
366) 김형석, *앞의 책*, 175~177.
367) 김형석, *앞의 책*, 181.
368) 김형석, *앞의 책*, 224.
369) 김형석, *앞의 책*, 227.
370) 김형석, *앞의 책*, 229.

371) 김형석, *백년의 독서*, 233.
372) 김형석, *앞의 책*, 235.
373) 김형석, *앞의 책*, 238.
374) 김형석, *앞의 책*, 258.
375) https://www.donga.com/news/article/all/20221206/116862473/1
김소라, *독서 인구는 주는데, 신간은 느는 사회*, 동아일보 2022년 12월 6일 자.
376) 김일국, *다음 세대를 구하는 7가지 법칙*, 21.
377) 이순신, *난중일기*, 405.
378) 김일국, *다음 세대를 구하는 7가지 법칙*, 20.
379) Paul Tournier, *To Understand Each Other 서로를 이해하기 위하여* 정동섭 옮김 (서울: IVP, 2000년), 26.
380) 레몬심리, *기분이 태도가 되지 않게* 박영란 옮김 (파주: 갤리온, 2020년), 19~21.
381) 레몬심리, *앞의 책*, 22~25.
382) 레몬심리, *앞의 책*, 28~31.
383) 레몬심리, *앞의 책*, 35~37.
384) 레몬심리, *앞의 책*, 42~43.
385) 레몬심리, *앞의 책*, 46~49.
386) 레몬심리, *앞의 책*, 55.
387) 레몬심리, *앞의 책*, 58~61.
388) 레몬심리, *앞의 책*, 81~84.
389) 레몬심리, *앞의 책*, 92~94.
390) 레몬심리, *앞의 책*, 97~99.
391) 레몬심리, *앞의 책*, 101~105.
392) 레몬심리, *앞의 책*, 107~110.
393) 레몬심리, *앞의 책*, 112~114.
394) 레몬심리, *앞의 책*, 119~120.
395) 레몬심리, *앞의 책*, 127~130.
396) 레몬심리, *앞의 책*, 131~133.
397) 레몬심리, *앞의 책*, 135~139.
398) 레몬심리, *앞의 책*, 141~144.

399) 레몬심리, *기분이 태도가 되지 않게*, 150~152.
400) 레몬심리, *앞의 책*, 156~157.
401) 레몬심리, *앞의 책*, 160~163.
402) 레몬심리, *앞의 책*, 166~186.
403) 레몬심리, *앞의 책*, 169~172.
404) 레몬심리, *앞의 책*, 175~179.
405) 레몬심리, *앞의 책*, 180~184.
406) 레몬심리, *앞의 책*, 185~188.
407) 레몬심리, *앞의 책*, 190~193.
408) John Maxwell, *Teamwork 팀워크* 정혜진 옮김 (서울: 씨앗을뿌리는사람, 2004년), 46~47.
409) John Maxwell, *The 21 Indispensable Qualities of a Leader 존맥스웰 리더의 조건* 전형철 옮김 (서울: ㈜비즈니스북스, 2012년), 27~30.
410) John Maxwell, *앞의 책*, 37~41.
411) John Maxwell, *앞의 책*, 48~53.
412) John Maxwell, *앞의 책*, 59~64.
413) John Maxwell, *앞의 책*, 71~76.
414) John Maxwell, *앞의 책*, 83~88.
415) John Maxwell, *앞의 책*, 95~100.
416) John Maxwell, *앞의 책*, 105~110.
417) John Maxwell, *앞의 책*, 115~121.
418) John Maxwell, *앞의 책*, 127~132.
419) John Maxwell, *앞의 책*, 139~144.
420) John Maxwell, *앞의 책*, 151~156.
421) John Maxwell, *앞의 책*, 161~166.
422) John Maxwell, *앞의 책*, 173~178.
423) John Maxwell, *앞의 책*, 185~190
424) John Maxwell, *앞의 책*, 197~202.
425) John Maxwell, *앞의 책*, 207~211.
426) John Maxwell, *앞의 책*, 217~223.

427) John Maxwell, *The 21 Indispensable Qualities of a Leader 존맥스웰 리더의 조건*, 229~233.
428) John Maxwell, *앞의 책*, 239~245.
429) John Maxwell, *앞의 책*, 251~255.
430) 김일국, *다음세대를 구하는 7가지 법칙*, 94.
431) 김준혁, *리더라면 정조처럼*, (남양주시: 더봄, 2020년), 15~18.
432) 김준혁, *앞의 책*, 26~27.
433) 김준혁, *앞의 책*, 28~29.
434) 김준혁, *앞의 책*, 54~55.
435) 김준혁, *앞의 책*, 105.
436) 김준혁, *앞의 책*, 198~202.
437) 김준혁, *앞의 책*, 282~288.
438) 김준혁, *앞의 책*, 82~84.
439) 김준혁, *앞의 책*, 296~298.
440) 김준혁, *앞의 책*, 118~120.
441) 김준혁, *앞의 책*, 320~321.
442) 김준혁, *앞의 책*, 238~242.
443) 김준혁, *앞의 책*, 252.
444) 김준혁, *앞의 책*, 190~196.
445) 김준혁, *앞의 책*, 115.
446) 김준혁, *앞의 책*, 275~280.
447) https://100.daum.net/encyclopedia/view/63XX20500022 Daum 백과 〈정조〉 검색.
448) Max Lucado, *How Happiness Happens 행복 연습* 박상은 옮김 (서울: 생명의말씀사, 2020년), 11~14.
449) Max Lucado, *앞의 책*, 15~16.
450) Adam M. Grant, *GIVE AND TAKE 기브 앤 테이크* 윤태준 옮김 (서울: 생각연구소, 2013년), 19~20.
451) Adam M. Grant, *앞의 책*, 22.
452) Adam M. Grant, *앞의 책*, 29.

453) Max Lucado, *How Happiness Happens 행복 연습*, 70.
454) Max Lucado, *앞의 책*, 84.
455) Max Lucado, *앞의 책*, 125.
456) Max Lucado, *앞의 책*, 170~171.
457) Max Lucado, *앞의 책*, 178~181.
458) 이재철, *아이에게 배우는 아빠*, 357~358.
459) 이재철, *앞의 책*, 320~321.
460) 이재철, *앞의 책*, 39.
461) 박인경, *부모 면허*, (서울: 규장, 2021년), 32.
462) 박인경, *앞의 책*, 140.
463) 박인경, *앞의 책*, 138.
464) 박인경, *앞의 책*, 140~141.
465) 김일국, *미지의 세대, Z세대*, 코람데오닷컴 2021년 5월 24일 자.
http://www.kscoramdeo.com/news/articleView.html?idxno=19832